翻訳者が考えた
「英語ができる子」に育つ本当に正しい方法

鹿田昌美

飛鳥新社

はじめに
「英語ができる子」が育つために
大事な場所は、「自宅」だった!

こんにちは。子育てお疲れ様です!

日々の家事やお仕事に加えて、お子さんの「しつけ」「健康」「教育」などなど、考えることが山積みで、本当に毎日あわただしいですよね。さて、いきなりですが、そんな皆さんに質問です。

Q 「お子さんに、英語が得意な子になってほしいですか?」

5段階で、①全くそう思わない ②あまりそう思わない ③どちらでもない ④少しはそう思う ⑤強くそう思う のなかの、どのあたりでしょうか。

本書を手に取ってくださった方の大半は、おそらく④か⑤と思いながらも、じゅうぶんにできてない……と感じていらっしゃるのではないでしょうか。

では、そのために、親にできることはなんだと思いますか?

ダントツ1位の意見だと想定できるのが、「英会話

教室に行かせる」です。

　実際、バンダイが未就学児と小学生を子に持つ親700名に行ったアンケートによると、子どもに英語を学ばせている人の48%が「英会話教室」に通わせています。

　英会話教室に行かせるのはとってもよい選択です。でも、決心してから行動を起こすまでには、いくつものステップが必要です。「いつから……？」「どの教室がいいの……？」「費用は……？」「嫌がったらどうしよう……？」と、足踏みしてしまうママパパが多いのではないでしょうか。

● 自宅でできる「おうち英語」って？

　でも、ご存じでしょうか？　英語教育に関しては、「自宅だけ」でできることが、たくさんあるのです。

　本書では、お子さんが何歳であっても、「今すぐ」「自宅で」できることを全力でお伝えします。とにかくわかっていただきたいのは、おうちでお子さんに英語力を身につけさせることは、どんな家庭でも可能だということ。その方法を本書では親しみを込めて、「おうち英語」と呼んでいます。

　おうち英語は、親が英語に自信がなくてもOKです。まずは、1つだけアクションを起こしてみませんか。用意するものは、英語の音を流すデバイスだけ！ＣＤプレイヤーとＣＤ１枚だけでいいんです。あるいは、英語の音源のかけっぱなし専用に使えるデバイスを1台ご用意ください。

　子どもが伸びる英語学習には「鉄則」があります。それは、「英語をたくさん聞くこと」。だから、おうちでママパパと過ごす時間が多い小さいお子さんにとって、**「おうち×ママパパ」は最高の環境**なのです。

●「子育て本の翻訳者」が教える 信頼の方法です

　私は出版翻訳者です。20年以上にわたり、70冊以上の英語の本を日本語に翻訳してきました。小説から学術書、映画、ビジネス書、自己啓発書、絵本などジャンルは様々です。10年ほど前から育児や教育に関す

る本を任せていただけるようになり、『フランスの子どもは夜泣きをしない』『デンマークの親は子どもを褒めない』(共に集英社)、『最高の子育てベスト55』(ダイヤモンド社)、『子育ての経済学』(慶應義塾大学出版会)といった本を訳しながら、関連する国内外の育児書や関連書籍をリサーチし、その間に自身も子どもを育ててきました。

そういった生活をしていますので、
「翻訳家のお母さんは、子どもにどう英語を教えているの？」
……と、時々質問を受けます。でも、**実は私は子どもに英語を教えていません**。一番の理由は「時間の余裕がない」こと。代わりに私がしていたのは、主に2つの動作を見守ることだけ。それは、「英語のＣＤを聞かせる」と「英語の本をなぞって読ませる」ことです。

常に締め切りを抱えながら、平日は当時深夜帰宅の夫をあてにできず、実家は遠く、私自身は母を子どもの頃に亡くしているので、まさに「手探り」で「ワンオペ」で「時間がない」という子育て環境だったのです。息子は0歳から保育園(英語教育なし)にお世話

になりました。

　そんななか、**無理をしない範囲で小さい頃から英語に触れさせていたところ、「おや？」とこちらが驚くほどいつのまにか英語がわかるようになっていて、「がんばらせずに」「教えずに」10歳で英検2級（高校卒業程度のレベルとされます）を取得できました。リスニング試験は満点でした。**

　未就学のときは1日の大半を保育園で過ごし、海外経験は1週間ほどの観光旅行だけです。それでも、**英語力だけではなく、今いる場所（ローカル）を大切にしながら「広い（グローバルな）視点で日常を見て考える」スキルが身についているように感じます。**日本の自然や歴史、そして地元の暮らしが大好きなうえに、英語を意識する生活のなかで、世界と日本との関わりや、それぞれの歴史や文化や人々への興味・好奇心を広げているからです。

● 使わないと損！ おうちにこそ「魔法の杖」がある

　おうちの中には、子どもの英語好きを育む「魔法の杖」が眠っている……私はそう思います。**魔法の杖を使うのは、お子さんのママパパです。**一番近くでお子

さんを観察できて、長い時間を共に過ごし、誰よりもお子さんの幸せを願っている親だからこそ、できることがたくさんあるのです。

　この本では、魔法の杖を上手に使ってお子さんの英語力を伸ばすヒントをお伝えします。ぜひ、魔法の杖を手に取ってください。そして、お子さんだけでなく、ご自身にも英語の魔法をかけてください。

　お子さんに英語が得意になってほしい、と思うママパパには、「実は自分が得意になりたい」という願望をお持ちの方が多いのではないでしょうか。**本書のやり方を使うと、親の英語力も磨かれます。**親子で「嬉(うれ)しいね♪」「楽しいね♪」が増えると、ますますモチベーションが上がりますよね。

　本書は80の項目に分かれています。項目の最後にまとめの「ポイント」と、ママパパにもお得感を味わってもらえる「親トク」アドバイスを入れました。ぜひ、気楽な気持ちで興味を持ったページから読んでください。すべてを真似することはありません。「英語を聞く」は必須ですが、あとはできること「だけ」やればOK

です。

「翻訳家だから、特別な英語教育をしているのではないか」と思われがちですが、本書での提案は、高額だったり特別だったりするものはありません。それでも、「英語ができる子」に育つための必要事項をクリアしていると自負しています。職業柄、多くのご家庭よりも英語に慣れ親しんでいるからこそ、**何が必要で何が大切か**を「本音」でお伝えしようと思いました。

忙しいママパパがご家庭で英語を効果的に与えるコツ、というものもふくめて、常に時間に追われる子育て中の翻訳者としての立場からお話しします。

英語教育についての「誤解」や、「やらなくてOK」なことについても、こっそりお教えさせてください。

ママパパの負担が少しでも軽くなって、英語教育についての不安が減り、英語が得意なお子さんが増えることを、そして家族全員の笑顔がもっともっと増えることを、心から願っています。

推薦の言葉
「鹿田メソッド」の優しいまなざし
慶應義塾大学教授・日本赤ちゃん学会理事　皆川泰代

　私は普段「慶應義塾大学赤ちゃんラボ」にて乳幼児の言語コミュニケーション能力の発達について脳科学実験や実験心理学で明らかにする研究を行っています。ですので、言語獲得についての科学的知見にそれなりに精通しているはずなのですが、そんな私が最初に本書の「リスニングが９割！」という見出しを見て、正直なところ「え！それはむずかしいのでは？」と少し狐(きつね)につままれたような気持ちになりました。なぜなら、受け身の一方的なリスニングやDVD視聴は、乳幼児の言語獲得に効果がないことが科学的にも多く示されているからです。

　しかし、読んでいくうちにだんだん腑(ふ)に落ちてきました。それどころか、言語心理学者としても夢中に読み進めました。ここで紹介されているのは、「実験室」の実験ではむずかしかったリスニングだけの学習を「おうち」で可能にさせる仕組みや仕掛けだったのです。ただの聞かせっぱなしではなく、英語と子どもをいかに親がうまい具合につないであげるか、その技が本書には満載なのです。「鹿田メソッド」とも呼べる

新しい方法かもしれません。

　80項目にわたって紹介される「鹿田メソッド」の仕掛けや説明には、言語心理学者としても感心するものも多く、専門家から見ると行動主義的な心理学に由来する技や言語獲得研究から明らかになった知見に基づくものも含まれています。これまでに70冊もの本を翻訳した著者の知識とリサーチ能力ならではの成果です。

　さらに嬉しいのは、時間のない忙しい親でも、高額なお金をかけなくても、ちょっとした心がけでできるような方法という点です。絵本翻訳も多い著者ならではのおススメ英語絵本など具体的アドバイスも即効性、実用性大です。

　言語教育というと「少し肩肘をはったお勉強」のように捉えられるかもしれません。しかし、特に小さい子どもの言語獲得は母語であれ、第二言語であれ、普段から養育者がいかに反応性よく、感情性豊かに子どもと言語コミュニケーションを取ることができるか（養育者の話せない言語であっても関わることでいかに動機付け高く取り組ませてあげられるか）が肝のように思います。

本書には、そのような意味での理想的な養育者の姿勢が感じられます。たとえば「いかに楽しく○○するか」「無理はさせないこと」「見守る」といった言葉が散りばめられています。この子どもへ向ける優しいまなざしが、コミュニケーション能力の育ち、ひいては子育て全般においても普遍的なポイントのように思います。
　子どもの性格や育ち、家庭環境は千差万別。本書の方法がそっくりそのままうまくいかない場合もあるかもしれません。しかし、この「おうち英語」の全体的アプローチや豊富な事例、子どもへの姿勢からは、必ず学べる部分があると思います。あなたにもピッタリなヒントを見つけ出してみてください。

Contents

はじめに 「英語ができる子」が育つために大事な場所は、「自宅」だった！ …… **002**

推薦の言葉 「鹿田メソッド」の優しいまなざし
慶應義塾大学教授・日本赤ちゃん学会理事
皆川泰代 …… **009**

Chapter 1
自宅で英語を始めるべきこれだけの理由

- **001** おうち英語はとにかくリスニングが9割！ …… **022**
- **002** 親は「教えない」 …… **025**
- **003** 大切なゴールその①
  子どもが英語を好きになる！ …… **028**
- **004** 大切なゴールその②
  入試で役立つ英語力を身につける！ …… **031**
- **005** 大切なゴールその③ 将来ビジネスで使える
  「コミュニケーション力」と
  「教養力」を育む！ …… **034**

006 早すぎても大丈夫! 日本語とはまざりません …… **037**

007 遅くからでも大丈夫! 年齢が上がってから
始める場合のメリット …… **040**

008 「英語ができすぎて、中1の授業が
退屈になったら困る」……杞憂です! …… **043**

009 貯まる! 増える!「英語貯金」のススメ …… **046**

010 最大の英語チャンス期は、いつでも「今」! …… **049**

011 完璧を求めない!
「下地づくり」だけが親の役目 …… **052**

Chapter 2

一生役立つ! 子ども英語の「基本」

012 おうち英語の白地図 …… **056**

013 「7歳」までは「バイリンガル」になれる …… **059**

014 「英語耳」は本当にある …… **062**

015 英語も日本語と同じ! 人間は言葉を
「音」から覚える …… **065**

016 最強のおススメ「マザーグースの歌」…… **068**

017 何をどう聞かせる?
「同じ音源をくり返す」が正解! …… **071**

018 リスニング力につながる
「英語の歌」の選び方! …… **074**

- 019 英語を「生活音」の一部にする ⸺ 077
- 020 2歳を過ぎたら、テレビ・スマホ・PCの「画面」を上手に活用する ⸺ 080
- 021 テレビ番組はどう選ぶ？見せるべきは「双方向」の番組 ⸺ 083
- 022 「日本語説明つき」はNG！「英語オンリー」で聞かせる ⸺ 086
- 023 リスニングを重視するのは「英語をまるごと」理解する基礎をつくるため ⸺ 089
- 024 「字の少ない英語の絵本」を読み聞かせタイムにちょい混ぜする ⸺ 092
- 025 慣れてきたら「楽しさ重視」で絵本を増やす ⸺ 095
- 026 「appleはリンゴだよ」と翻訳しない！英語オンリーを徹底する ⸺ 098
- 027 「英語口」を鍛える！「ラレリルレロ」と「唇ブルブル」 ⸺ 101
- 028 迷ったら、「日本語の与え方」を思い出す ⸺ 104

Chapter 3

何をどう使う？ おうち英語の「ツール」

- 029 海外の絵本を開いて、子どもに「世界の存在」を教えよう ⸺ 108

030 メリットもデメリットも……「セット英語教材」との付き合い方を知っておく —— 111

031 英語は「体験」と「訓練」を分けて考える —— 114

032 「ごっこ遊び」は成長の大チャンス —— 117

033 英会話教室に通うなら、「家ではできない体験」をさせる —— 120

034 ネイティブとの英会話は「口を見る」—— 123

035 「4歳」を過ぎたら、子どもの「興味の方向性」を観察する —— 126

036 子どもが「好きなアニメ」はDVDを買って活用する —— 129

037 裏技！「日本発の英語アニメーション」を活用する —— 132

038 忙しくても続けるために「時間枠」を決める —— 135

039 「朗読CD」は親がラクして子どもが伸びる魔法のツール —— 138

040 本×CDの具体的な使い方①「ものの名前」と「物語」にたくさん触れさせる —— 141

041 本×CDの具体的な使い方②子どもが「はまっているジャンル」を生かす —— 144

042 絶対おススメしたい「文章なぞり読み」—— 147

043 「児童書＋朗読CD」は10年使える —— 150

044 情報を「選んで」子育てを「楽しむ」—— 153

045 「親の願望」もところどころ織り交ぜる …… 156

Chapter 4

小学校英語とうまくつなげる方法

046 小学1年生は「聞く」を「読み書き」につなげるチャンス …… 160

047 ローマ字は「自分の名前」以外教えない …… 163

048 リビング学習を超えた「どこでもおうち英語」を親子で楽しむ …… 166

049 子育ての難問「片付け」も解決！「英語に関係したもの」は捨てない …… 169

050 ハリー・ポッターは「イギリス英語」の入り口にちょうどいい …… 172

051 「英語ペラペラ」は幻想と心得る …… 175

Chapter 5

スキルを確実に伸ばすヒント

052 おうちでカンタン！親子で身につく「1・2語英会話」…… 180

053 とっさに英語で言いたい身近な「ものの名前」…… 183

054 「子ども英語図鑑」は
「カタカナ付き」を使わない ⋯⋯ **186**

055 実践！子ども英語図鑑を「楽しむ」⋯⋯ **189**

056 インターナショナルスクールや留学は
目的をはっきりさせる ⋯⋯ **192**

057 社会人が使う英語は「まだ使えなくていい」⋯⋯ **195**

058 親は成果を求めない。でも成果が気になる……
だったら「英検」を受けてみよう ⋯⋯ **198**

059 「5・4級」の受験対策は
「過去問」だけでいい ⋯⋯ **201**

060 「3級」からは「ライティング問題」に
力を入れる ⋯⋯ **204**

061 英単語を覚えるコツは漢字と同じ！
最初に正確に覚える ⋯⋯ **207**

062 単語を楽しく覚えるには……
「ふせんカルタ」を作る ⋯⋯ **210**

063 ふせんカルタはトランプ感覚で
楽しく「使う」⋯⋯ **213**

064 「むずかしい単語」のカンタンな覚え方 ⋯⋯ **216**

065 「細くても継続」が語学に効く ⋯⋯ **219**

066 小学生の英検2級は、完璧じゃない ⋯⋯ **222**

067 読解は「音読」と「呼吸」で読み解く ⋯⋯ **225**

068 「動詞」を探せば、英語が
読める・話せる・書ける！⋯⋯ **228**

069 「好きなストーリー」を暗唱してみる …… 231

Chapter 6

英語を将来につなげる ルール

070 仕事では「社会性」と
「日本語でのコミュニケーション力」が第一 …… 236

071 「子育て全般のルール」は「英語学習」にも
そのまま当てはまる …… 239

072 「日本のことを発信できる人」に
自然になれる方法 …… 242

073 「オンラインレッスン」をかしこく活用する …… 245

074 「1行日記」を書いてみる …… 248

075 「マンガ」は「会話力」を育てる
便利なツール！…… 251

076 深掘りするなら「フォニックス」よりも「語源」…… 254

077 米国人ジャーナリストを驚かせた
「魔法の言葉」とは？ …… 257

078 自動翻訳の時代になっていくからこそ、
英語力が必要な理由 …… 260

079 子どもに「羅針盤」を持たせ、
親は「ツール」を与える …… 263

080 迷ったら……いつでも究極のゴールは
　　「わが子の幸せ」一択！ …… **266**

巻末付録

① おうちでカンタン！
　親子で身につく「1・2語英会話」…… **270**
② とっさに英語で言いたい「身近なものの名前」…… **273**
③ インプットとアウトプットを連動させる4つの方法 …… **276**
④ 英語でクッキング！
　ヨーグルトケーキ（Yogurt Cake）の作り方 …… **279**
⑤ 知っておくと便利！ お料理の英語 …… **282**

文庫版特典

① 著者が実際にヘビロテしたコンテンツ紹介 …… **284**
② 英語学習Q＆A …… **288**
③ 元ハーバード大学客員研究員の塾講師が伝えたい
　「大学入試まで役立つ子ども英語」…… **296**

参考文献 …… **301**

Chapter 1

自宅で英語を始めるべきこれだけの理由

001

おうち英語は とにかくリスニングが9割!

「ご家庭で英語を今すぐ始めましょう!」

そう言うと、たいていはこんな反応が返ってきます。

「親が教えるの? 英語が苦手だし、私にはムリ!」

「忙しくて時間がないからムリ!」

「変な発音が身についたら困るからムリ!」

お気持ちはわかります。でも、その「3つのムリ」、すべて心配ご無用です。この本で紹介する方法は、

(1) 親は教えなくて OK
(2) 親は家にいる時間だけを使えば OK
(3) 親は発音しないで OK

だからです。**「できたらしてほしいけれどしなくてもいい」ではなく、この「3つのしなくて OK」が、私が推奨するデフォルト。**

具体的には、この本で伝えたい最も大切なことは、**「おうち英語はとにかくリスニング」**だということ。お子さんが英語の音を聞くのを好きになってくれたら大

成功、それだけで9割以上が完了です。ママパパにしてほしいのは、「英語の音声を流す」ことだけ。本当の本当に、それだけでいいんです。

翻訳家がリスニングを重視する理由

「なぜ、翻訳家がリスニングを重要視するの？ 英語の文章を日本語に訳すのが仕事なのに……」という声が聞こえてきそうですね。私がそう確信する理由は「英語を聞こえた順に理解することが、すべての英語力の基礎になるから」です。

英語を「読む」「書く」「話す」というスキルの土台に「リスニング力」がどっしりと構えているイメージです。

リスニング力の基礎がしっかりしていれば、長文の英語であっても、正確に読み取ることができます。逆に、リスニング力が不安定だと、英文を読んだときに、日本語の語順に頭の中で置き換えようとしたり、先回りをしたりして、意味を取り違えるといった不具合が起こりやすくなるのです。

私は20年以上にわたって、「大量の英文を読んで、正確に日本語に訳す」という作業を仕事として継続してきました。その経験から、リスニングこそが英語力の要だと実感しています。

リスニング力がつき、「英語を聞こえた順に理解する」ことができると、「英語の語順で考える」ことが自然とできるようになります。つまり英語のアウトプット、「読み書き」がスムースにできるのです（くわしくは23の項と67の項をご参照ください）。

　では、そんな大切なリスニング力を身につけるにはどうすればいいかと言えば、「親が英語の音声を流す」、それだけなんです。

\ Point /
おうち英語は
リスニングだけでいい！

\ 親トク /
親は、音声を
流すだけでOK

002

親は「教えない」

「ご家庭で子ども英語を始める」と言うと、お子さんの隣にママパパが座って、本を読んであげたり、アルファベットを教えたり、英会話をしたり、という映像がもやもやっと浮かんできませんか？

でも、この本で紹介するおうち英語は、**親が英語を「教える」のではなく、親が英語を「与える」というイメージです。はっきり言います。親は教えなくていいのです。**

ママパパが英語に自信がなくても大丈夫。発音に自信がなければ、別の方法で子どもに発音を覚えてもらえばいいのです（または、自分なりの発音を聞かせてもOK）。親がやるべきことは、**英語の音や文字にお子さんを触れさせる環境を整えて、その状態を無理のない範囲でキープすることだけ**。親が準備のために英会話のレッスンに通ったりする必要も、もちろんありません。

● 見守る！ だけで大丈夫

大切なのは、お子さんの様子を「見守る」こと。キッ

チンで料理をしながらでもかまいません。**与えた英語に興味を持っているか、楽しんでいるかを観察しましょう**。あまり興味を示していないとしたら、明日からどんな工夫をすればいいかを考えます。

見守りながら、時々声をかけるのも効果的。家事をしているときなど、少しお子さんから距離が離れているときは、「あなたのことを見守っていますよ」というメッセージを発信することで、子どもは安心することができます。

● 声かけするならシンプルに

声かけは、シンプルな英語（後の章でフレーズ例を紹介します）を使ってもいいですし、日本語でも OK です。絵本を見ていたら「おもしろいね」「もう1回読む？」など、**日本語の絵本を見ているときと同じように声をかけましょう。**

おしゃべりができるようになったお子さんには、「誰が出てきたの？」「それからどうなった？」のように**内容について短く質問してもいいでしょう**。お子さんに説明してもらうことで、どこまで理解できていて、何が印象に残ったのかがわかり、それが次に与える本を決めるときの判断材料になります。

英語の歌を聞かせているときは、特に気に入った歌

がありそうかどうかや、リズムに合わせて体をゆすったりしているかどうかを見守りましょう。親が体を動かすと、真似をしてくれる場合が多いです。リアクションの仕方はお子さんによって様々なので、反応が薄くても、あまり気にしないで英語の音を与えていきましょう。

＼ Point ／

親は、学べる環境を与えるだけでいい

＼ 親トク ／

親に英語の予習は必要なし

003

大切なゴールその①
子どもが英語を好きになる!

　最初に知っておくべき「英語学習の３つの大切なゴール」がありますので、順にご紹介します。

　子どもが英語を身につけるために、何より大切にしたい目標はなんでしょう？　それは、**お子さんに「英語が好き」になってもらうこと。**

「わかっているけど、好きになってもらうのがむずかしい……」

　大丈夫。少なくとも英語に苦手意識を持たなくできたら、大成功です。英語の音を聞いていてなんとなく心地がよいとか、英語の文章があったら読みたくなるとか、英語圏の国の文化に興味を持つとか、**英語に対して「ポジティブな関連づけ」を持ってもらう**のです。

　ちょっと話は違いますが、たとえば不眠症の人は「寝室」に「ポジティブな関連づけ」ができていない場合が多いのです。だから寝室に入ると、「今夜も眠れなかったらどうしよう……」と考えてしまい、ますます眠れなくなってしまいます。「寝室に入るとふかふかのお布団でぐっすり眠れる！」というプラスの体験を

くり返すことが必要なんですね。英語学習も同じです。

● 「楽しい」が第一

まずは「楽しい気持ちで聞くことができる英語の音」をたくさん聞かせます。そして英語になじんできたら、今度は「英語に関わるとわくわくして嬉しいことがある！」というプラスの体験を積み上げていきます。

英語を聞いたり読んだりするとおもしろい発見があるとか、「わかった！」が増えるとか、英語を発音すると「上手だね」とほめられるとか、英語でコミュニケーションが取れるとか、英語のマンガやDVDを買ってもらえてラッキーだとか……。その程度でも、のちのち大きな効果を生むのです。

● 親は応援団

親は「先生」ではなく目の前にいるわが子の「応援団」なのだということを、どんなときも覚えておきたいものです。ある知り合いは、親が頑張りすぎて、子どもが他の遊びをしたいと言っても、購入した英語教材を聞かせ続けたために、お子さんが英語嫌いになってしまったそうです。いったん嫌いになると、好きにさせるのは至難の業です。「子どもに英語を強制する」と10年後にお子さん自身がテストや成績でつまずく

原因になるかもしれません。

「英語＝辛い苦しいむずかしい」ではなく、**「英語＝楽しい」という関連づけが定着**するように、お子さんを誘導してあげることが大切です。

\ Point /

英語が嫌いに
ならなければ大成功！

\ 親トク /

子どもを叱らなくてOK

004

大切なゴールその②
入試で役立つ英語力を身につける!

「ウチは海外に行かないから英語は別にいい……」。そう思う方もいるかもしれません。でも、ご存じですか? 日本にいても、受験で英語から逃れることはできないのです。

「えっ……! 受験なんてまだまだ先……」

何年か先でもいつかは受験する日が来ます。本書で紹介するおうち英語の学びは、入試にまで役立ちます。

くり返しますが、**おうち英語は「リスニング力が9割」です。** そしてリスニング力をつけるには、子どもの頃が最大のチャンスであり、ご家庭でそれを身につけることはじゅうぶんに可能なのです。

もう1つ、英語を習得するにあたって重要なのが「単語力」です。 いくら耳がよくても、文字が読めても、言葉の意味がわからなくては理解することはできません。言葉を吸収する能力が優れている時期に、単語のストックを増やしておきましょう。

● 先々受験にも必ず役に立つ

「リスニング力」と「単語力」をコツコツ積み上げていくことは、中学生、高校生になってからも、さらには英語を仕事で使う社会人になってからも続けなければならない大切なことです。その基礎を子どもの頃に作っておけば、この２つの力は、将来的に様々な形で必ず役に立ちます。

　具体的な話をすると、最近は中学受験で「英語入試」を導入する学校や、英検を取得していれば加点がもらえる（または試験が免除になる）学校（中・高・大学）が増えています。さらには、大学入試での「リスニング」問題の配点が増えているのです。耳を慣らすのは早いに越したことはありません。

●「使える英語」の最新形

「使える英語」がますます重視される世の中なので、この傾向が逆戻りすることはないでしょう。文系の学部の入試に理系科目がいらないことはあっても、理系の学部の入試には英語が必須です。**たとえ英語と関わりの薄い分野を目指しているとしても、「英語の試験」から逃れることは、ほとんどの場合できないのです。**
「単語力」に関しては、小さい頃からコツコツと積み上

げていくほうが、**断然有利です。**

　中学校の学習指導要領が2021年度から変わり、教科書が新しくなって、**学習する英単語数が1200語から2500語へと約2倍に増えました。**これだけの数を中学校の3年間で覚えるのと、3歳から10年間で分散させて覚えるのでは、お子さんの負担が全然違います。

　本書のやり方を使えば、お子さんが興味のある分野の単語力を増やすことができるので、**英語力を身につけるだけではなく、お子さんの得意分野を伸ばすこと**につながります。

「なんとなく」ではなく「その先につながる」子ども英語、今日から始めてみませんか？

＼ Point ／
「リスニング」と
「単語力」は入試に直結

＼ 親トク ／
将来の受験に
有利になる

005

大切なゴールその③

将来ビジネスで使える「コミュニケーション力」と「教養力」を育む!

「この子が社会人になってからのことなんて、ちょっとまだ考えられない……」

私も同感です。「先のことすぎる話」をしてしまってすみません。でも、わかりやすく説明するために、ここで基本に立ち戻ったお話をさせてください。

英語に限らず、言葉は人と関わるための「コミュニケーションツール」です。使える言語の種類が増えると、確実に世界が広がります。そして、英語を美しい発音で話せることよりも、**「伝えたい内容を持っていること(教養)」**と**「伝えようとする意欲と工夫があること(コミュニケーション力)」**が大切なのです。

最近は「英語4技能」という表現をよく目にします。これは英語の「聞く (listening)」「読む (reading)」「話す (speaking)」「書く (writing)」という4つのスキルを表しています。もちろん英語に限らず、日本語についての4技能も同様です。

この4つを大きく**「インプット(聞く、読む)」**と**「アウトプット(話す、書く)」**の2つに分けて考えてもよ

いでしょう。インプットは、吸収して貯える作業であり、アウトプットは、インプットしたものを外に向かって発信する作業です。

● 教養力とアウトプット力を同時に伸ばす

インプットした知識を自分なりに消化して「教養」へと熟成させることが大切です。そして、自分のなかに貯えた教養を上手にアウトプットできる能力が「コミュニケーション力」なのです。

本書では、英語の「インプット」から始めて、それが豊かな「アウトプット」へとつながるように、お子さんが興味のある分野を、親が見守り、伸ばしていくためのヒントを紹介します。

正しく文章を理解する、情報の取捨選択ができる、人の話をきちんと聞ける、自分の意見をまとめて人にわかりやすく伝えるというスキルは、大人になってからも大切です。 日本語以外の言語を学ぶことで、自分とは違う人の立場からものごとを考えたり、自分にとって当たり前のことを他の言葉で説明したりという意識を持てるようになります。

これは思いやりの心にもつながりますし、多様性を理解して柔軟にコミュニケーションを取る能力にもつながります。 そういったことが、将来的に社会人になっ

てからも役に立つというわけです。

● 英語を身近にしておくだけで

　子どものうちから家庭で英語になじんでおくと、英語学習へのハードルが下がり、将来使いこなすのもラクになります。単に英語を覚えるのではなく、日本から海を越えたところに住んでいる人を思いやれる子に育ってくれたら嬉しいですよね。それこそが、グローバルな視点を持つということです。本当の意味での「グローバル教育」を、ご家庭のリビングルームから始めてみませんか？

＼ Point ／
英語力が多様性の
理解につながる

＼ 親トク ／
家の中でグローバル
教育ができる

006

早すぎても大丈夫！
日本語とはまざりません

「でも、英語を早く始めると、日本語とごっちゃになって子どもが混乱するって聞いたけど……」
「まずは日本語がしっかりできることが大切なのでは？」

英語の早期教育については、賛否両論があります。私自身、**「母語（日本語）の習得が最も大切」**だと考えています。ただし、ママパパの日常会話が日本語で行われていて、生活のベースが日本語で成り立っている環境で育っているお子さんなら、英語を意識して与えていても、**圧倒的に日本語の時間量が勝っている**ため、子どもが混乱するほど両者の時間量が拮抗する心配はないのです。

よくあるご心配が「赤ちゃんから英語をたくさん聞かせて、日本語は大丈夫？」というもの。英語と日本語を赤ちゃんのときから同時に与えて、子どもが混乱しないか、ということですね。

心配ありません。お家の方が日本語を使って日常生活を送っていれば、自然に日本語が身につきます。

子どもは母国語と外国語を自然に区別できる

また子どもは親の英語とネイティブスピーカーの英語を区別しています。ママパパが日本語っぽい英語で話しかけるから子どもの発音が悪くなるかといえば、必ずしもそうではありません。

日本語っぽい英語で話しかけるママパパは、**圧倒的に日本語で語りかける時間が多いはずです。**子どものほうも、自分の親は日本語が得意なんだと理解します。ネイティブスピーカーの発音にも多く触れていれば、そのうち、ママパパの発音の間違いを指摘するようにまでなります。

英語教材をたっぷり与えていても、家の外での社会生活が始まれば、日本語が必ず優位になります。そのため、幼稚園に入ると、お子さんが使う日本語の量が急に増えて、英語がすみに追いやられてしまったみたい！ と焦るママパパも多いかもしれません。

でも、ちょっと考えてください。**幼稚園の年齢は、お友達と言葉でやりとりをするコミュニケーション能力をしっかり育てることが大切な時期です。**大切なのは言語によるコミュニケーション力。日本人のお友達と生活しているなら、日本語が増えて当たり前です。

● 小学校に上がる前に英語を始めたい理由

 小学校に上がると、日本語を使う時間量がさらに増えます。学校ではもちろん、家でも宿題で漢字を練習したり教科書を音読したりと、日本語の4技能を訓練する時間が増えるため、英語に触れる時間がどうしても少なくなります。

 だから、早すぎることを心配するのではなく、**早めにスタートを切って、英語に触れる時間量が減ってからもコツコツと持続する工夫のほうを考える**のが得策です。ご家庭で英語に触れられる時間が多いうちに、英語の土壌を作っておくことが大切なのです。水をまけばいつでも芽が出る状態にしておけば、多少の休眠期間があっても復活します。

＼ Point ／
「早めに始めてコツコツ持続」が最強の道

＼ 親トク ／
ママパパは英語で会話しなくてもOK

007

遅くからでも大丈夫！
年齢が上がってから始める場合のメリット

「早いほうがいいの？ じゃあ、うちの子はもう間に合わないかな……」

そんなことはありません。英語の専門職、たとえば通訳者や私を含む翻訳者の多くが、中学の義務教育で英語学習をスタートさせています。

中学以降、なんなら大人になってからでもリスニング力はじゅうぶんに伸びます。完全なバイリンガルにはなれないかもしれませんが、年齢が上がったほうが、論理的に英語の構造を理解して、興味や専門に合わせてボキャブラリーを増やすといった工夫がしやすいため、自分にとって使える英語を問題なく習得することができます。

そうして、英語専門職としてベテランと呼ばれる域に達してからも、コツコツと毎日資料を集めて読んだり、リスニング力を鍛えたり、辞書で単語を調べたりして、仕事に使える英語力をさらに伸ばすために努力を続けているのです（私もその1人です……）。

年齢が上がるごとに増える英語の罠(わな)って?

　英語学習に「遅すぎる」はありません。もちろん英語に触れる時間量は多いに越したことはないので、「今」から始めましょう。

　ちなみに、年齢が上がるごとに「英語の罠」が多くなります。 外的要因に英語習得を阻(はば)まれる機会が増えるのです。

- 私立中学(または高校)に入学したら英語の進度が早くてついていけない……
- 他の教科や部活に時間を取られて英語に時間が割(さ)けない……

　などが、よくある「英語の罠」のパターンです。こういった罠にはまって英語嫌いになってしまった、というお子さんの話を、英語が得意な知り合いから、意外とよく聞きます。「**自分が得意だったから、英語を習わせなくても子どもが自然に覚えてくれると思っていた……**」と言うのですが、それもやはり「英語の罠」。

　昔と比べて早期から英語を始めるお子さんが増えていますから、小学校英語、あるいは中学英語のスタート

時点で周囲との差を感じ、自信ややる気をなくしてしまうケースもありますので、注意してあげてくださいね。

● 「意欲」にまさる勉強法はない

そうした罠に気をつければ、学校教育に合わせてのスタートでも習得自体は問題ありません。**義務教育から英語を始めて得意になる子どもには、「英語を学習しようという意欲がある」という特徴があります。**そんなお子さんは、積極的に単語を覚えて、教科書を暗記し、英語の文化に興味を持ち、ホームステイや留学をして、英語を身につけていきます。意欲にまさる勉強法はありません。

「うちの子、ちょっと意欲が……」という比較的大きなお子さんをお持ちのママパパは、本書を参考にして、ぜひご家庭で英語の時間を作ってみてください。「わかる」「できる」「楽しい」という感覚が得られると、意欲がわいてきて、得意につながります。

＼ Point ／
いくつから始めても
遅すぎることはない

＼ 親トク ／
「早くやっておけばよかった」
という後悔はゼロ

008

「英語ができすぎて、中1の授業が退屈になったら困る」……杞憂です!

「英語を早く始めすぎたら、中学の授業がカンタンすぎて退屈になってしまうのでは……」と心配する声を時々聞きます。

「いずれ学校で教えてもらえるから何もしなくて大丈夫」という考え方もあります。でも実際は、英語を義務教育から始めたお子さんが「中1で英語につまずく」「高校入試対策のときに英語で苦労する」「大学入試で英語がボトルネックになる」というケースが意外と多いのです。

英語は、ひらめきや思考力を使う学問というよりも、**長くコツコツ接した年数だけ、多く吸収した知識の分だけ伸びる教科**です。早く始めたほうが、当然、単語力が増えます。文法を解説してもらって学ぶよりも、感覚的に知っているほうが絶対に楽です。**しつこいですが、「リスニング力」は、小さい頃からコツコツ蓄えておくことをおススメします。**

● 大学入試はますますリスニング重視へ

　大学入試の英語は、リスニングの比重が高まっています。大学入試センター試験の英語は、筆記200点、リスニング50点の配点でしたが、2020年度からスタートした大学入試共通テストでは、筆記100点、リスニング100点になりました。

　しかもセンター試験では2回ずつ音声が流れたのに、共通テストでは1回しか読まない問題が登場しました。英語の4技能を測定したいという流れから、今後もリスニングが重視されることは間違いありません。

　読解力も大切です。入試問題を見せてもらって驚いたのですが、都立高校の英語の長文問題が相当に難解なのです。「公立の高校入試なのに、公立中学の授業だけでは解けない……」とママパパたちが嘆いています。

● 「英語の先生と合わなかった」だけで将来を失わないために

　さらに言うと、英語は先生によって教え方にばらつきが大きい教科です。新学習指導要領によって小5から英語が教科化されましたが、教え方は各自治体に任

されています。

　中学以降で出会う英語の先生との相性がよくない場合もあります。たったそれだけのことで、大切なお子さんの将来が左右されかねません。**年齢が上がるにつれて、英語嫌いをつくるリスクが増えるのです**（先ほどの「英語の罠」です）。

　お子さんが、英語が得意になって「中1の英語がカンタンすぎる」と思ってしまう心配があるのなら、教科書を暗記することを目標にしたり（スピーキング力が向上します）、単語の同義語を書き出したり（英作文力が向上します）と、手ごたえのある学びになるように自分で工夫すればいいだけです。

　「できるからこそ、意欲を持って取り組む」という姿勢を身につけることは、お子さんの将来に役立つことでしょう。

\ Point /
早いスタートで
学校英語の罠を避ける

\ 親トク /
将来の入試への
不安が減る

009

貯まる！ 増える！ 「英語貯金」のススメ

　先ほどから「コツコツ」とか「貯える」という表現をくり返し使っていることにお気づきでしょうか。これって何かに似ていませんか？

　そう、貯金です。**子どもの英語学習は「積み立て貯金」**なのです。与えれば与えた分だけ、お子さんの英語の貯えが増えていきます。時間がないときは、与える量を減らしつつ、基本的には中断せずに続けます。お子さんがやる気になれば、自分の意志で「貯金額（英語学習の時間や量）」を増やすこともできます。

● 使うほど増える不思議な貯金！

　英語貯金には、お金とは違うおもしろい特徴が1つあります。それは、使えば使うほど増えること。**「インプット（貯金）」した英語は、「アウトプット（使う）」の回数を増やすことで効果的に使えるようになっていく**からです。研究から、「脳は入力よりも出力を重要視する」ことがわかっています。

　知識として貯えた英語を、使うことによって、脳の

海馬という記憶や空間学習能力をつかさどる器官が、「この情報は重要だ」と判断し、「記憶しよう」という働きが強化されるのです。

特に意識してほしいのが「リスニング力」と「単語力」です。うれしいことに、この２つは、忙しいママパパでも、コツさえつかめば、毎日無理なく続けやすい項目です。単語力については、単語の意味だけを丸暗記するのではなく、リスニングで聞こえてくる文章のなかで意味が取れるようにするのが大切。**あくまでリスニングが主体**と肝に銘じてください。

単語のつづりを書くのは、もっと後からでかまいません。また、小さなお子さんには日本語でも説明がむずかしいような抽象的な言葉（たとえば"relationship（関係）""perception（知覚）"）が出てきたら、なんとなく把握するだけ（または後回しにする）で OK です。

お子さんの積立貯金をするつもりで、コツコツと英語を与えていくって、ウキウキしませんか。使えば使うほど増えて、10年後、20年後に、ものすごい利子がついている……そんな状況を想像してニンマリしながら、おうち英語を楽しんでください。

● 最高のタイミングは、いつでも「今」

「じゃあ始めてみよう」と思ったら、今すぐ始めましょう！　英語については「早く始めたほうがお得」です。なぜなら、**英語力をつけるためには「英語に触れた時間量」が大事だから。**

英語は、学問というよりもツールであり、使えるようになるためには絶え間ない積み重ねと訓練が必要です。英語に「天才」はいませんし、「一足飛び」はありません。**そして、ある程度の積み重ねができてしまうと、キープしてさらに伸ばすことは意外とラクにできます。**思い立ったその日が、貯金を始めるのにベストの日です。

＼Point／
「英語貯金」は
必ずやるだけ貯まる

＼親トク／
将来の「貯金高」を
楽しみに暮らせる

010

最大の英語チャンス期は、いつでも「今」!

英語を始めるのは「今」です。**いつ始めても早すぎないし遅すぎません。** そして、親と一緒に行うおうち英語を最も始めやすく続けやすい時期はというと、「家にいる時間が長く、親子で過ごす時間が長いとき」ということになります。

その条件を満たすのは、まずは「乳幼児期」です。 お子さんが家で過ごす時間が長く、ママパパとの関わりが密接である時期は、子どもの意志にかかわらず、英語に触れる時間量を確保しやすいと言えます。

● 英語より大切なのは睡眠と栄養

ただし、1つ大切なことを強調させてください。**赤ちゃんに最も必要なのは、睡眠と栄養です。この2つが、脳と神経の発達を促すからです。** 加えて乳幼児期は、心身の成長や、親子の信頼関係を築くのにとって非常に大切な時期なので、**子育ての軸は英語学習「以外」のことにあるべきです。** 英語の動画を見せっぱなしにするのは**絶対に**よくありません。

● 乳幼児期にしかできないこと

親のペースで英語を与えやすい乳幼児期に、英語の音に耳を慣らしたり、英語の文字を見たりという基礎を作っておけば、後にお子さんの好き嫌いがはっきりしてきたときに好みの内容を英語で与えたり、お子さん自身が学びのなかに英語を取り入れる選択をしたりといった、次のステップへとつなげやすいです。

未就学のお子さんなら、1日90分程度（朝30分、日中30分、夜30分と分散させてもOK）英語の音を聞かせることを目安にしてみましょう。

● 胎教には意味がないことも

ただしお腹の赤ちゃんに英語を聞かせたりする「超早期教育」いわゆる「胎教」については、注意点があります。**お腹の赤ちゃんには、妊娠初期には外部の声がまったく聞こえないことが、科学的に証明されています。**ママの肉声が、内臓や羊水の音に交じって聞こえるだけなのです。パパがお腹に話しかけるための器具を使っても、残念ながらパパの声を届けることはできません。

それから、ご存じでしょうか。**胎児の聴覚が完成するのは妊娠28週前後。**それ以前は、たとえママが語

りかけても、赤ちゃんには聞こえていません。

でも、ママがそれ以降に語りかけた物語は聞こえているんです。 産まれてきてから、ぐずったときに、お腹の中で聞かせた話や歌を聞かせると、安心して泣き止んだりするそうです。赤ちゃんがお腹にいるときに、ママが歌を歌ったり絵本を読んだりするときに、英語のものをちょっぴり混ぜてあげるとよいかもしれませんね。

\ Point /
「乳幼児期」なら
英語が拒まれない

\ 親トク /
この時期なら、親の
ペースで時間が取れる

011

完璧を求めない!
「下地づくり」だけが親の役目

「大きな壁にペンキで色を塗ってください」と言われたら、どんなふうに塗りますか? 端からすき間なく塗っていってもいいし、ざっくりと下塗りをしてから重ね塗りをして仕上げる、というやり方もありますね。**おうち英語の学習のイメージは、「ざっくりと下塗りをするところまで」**が9割です。

あとの1割は、お子さんが自学自習できるようにつなげてあげる工夫です。細かい部分は気にしすぎない。英語の音をたくさん聞いて、お話に触れて、「わかってきた、楽しい、もっと聞きたい」とお子さんが感じることが、何よりも大切です。

● 親の大事な仕事は、「がっかりしないこと」

わからない・できないときに、**親が怒ったりがっかりしたりしないこと**も重要です。三単現のSを飛ばしてしまっても、心配しないで大丈夫。小さなお子さんなら、"She"や"He"は、親との「1対1の会話("You"

と"I")」が大部分を占めるために、あまり使いませんよね。使う回数が増えれば自然に覚えます。

日本語でも、覚えたてのときは「言い間違い」をたくさんしますよね。「エレベーター」を「エベレーター」と言ってしまったり、「おくすり」を「おすくり」と言ってしまったり。お子さんの英語の間違いに気づいたら、優しく声をかけるだけでOK。くり返し正しい言葉を聞けば、お子さんのほうで気がつきます。

親も完璧ではありません。英語でも日本語でも、(親にも) わからない言葉が出てきたら、めんどくさい気持ちをぐっとこらえて、**「一緒に調べようね」と、その場で辞書や図鑑で確認するくせをつけていけたら最高です**。そのうちお子さんが、親を真似して自分で調べるようになっていきます。

● 親は下地づくりだけでいい！

冒頭のペンキの話に戻ります。英語学習には確かに「ざっくり下塗り」が大切ですが、学習が進むと、単語のつづりや英作文の決まりごとなど「ていねいに緻密に塗る」必要が増えてきます。だから先を見越して、**「わからなければ調べて確認する」という習慣**を、小さい頃からつけておけたらよいですね。

親にできるのは、お子さんに英語の下地をつくって

あげるところまで。自転車の練習で、お子さんの自転車のうしろを持って一緒に走ってあげるようなイメージです。お子さんが自転車に乗れるようになったら(英語の下地がある程度できたら)、そっと手をはなして、お子さんがその自転車でどこに行こうとするのか(英語を使って何をするのか)を見守ります。もっと速い他の乗り物に乗りかえたいと言い出すかもしれません(ホームステイに行きたいとか、他の言語も学びたいとか)。お子さんが**英語で読みたいものや見たいもの、体験したいことを与えていく**という形で親が楽しく関わっていけたら素敵ですね。

では始めましょう！

＼ Point ／

おうち英語は
「ざっくり下塗り」

＼ 親トク ／

子どもと一緒に調べて
語彙が増やせる

Chapter 2

一生役立つ！子ども英語の「基本」

012

おうち英語の白地図

　おうち英語を始めるにあたり、ざっくりと全体のイメージを説明させてください。

　本書で説明する「おうち英語」とは、「家庭で子どもに英語を触れさせる/学ばせること」を指します。もちろん、英会話教室や英語塾に通いながら、併用するのもOKです。

　大きく分けると、次の4つのことを行います。

（1）「インプット」（聞く、読む）
（2）「アウトプット」（話す、書く）
（3）「インプット」を「アウトプット」に連動させる
（4）英検や英語教材を上手に使う

● たった4つのポイントを効果的に使う

　（1）の「インプット」。**おうち英語では一番大事です。**英語の音を聞く。英語の文字を読む。ここにたっぷりと時間をかけます。お子さんの成長や興味に合わせて、内容を変えていきながら、たくさんの英語に触れさせ

ましょう。とりわけ「聞く」の時間を長く取るのがポイント。未就学の年齢でしたら、「聞く」が9割以上でOKです。

（2）の「アウトプット」は、英語を話したり、英語の文字を書いたりすること。インプットした英語を使って、実際に口や手を動かします。「話す（発音を真似ることも含む）」は「聞く」と同時並行で行います。**「書く」はひらがなが書けるようになってから、または小学校に上がるまで待ってOKです。**ここまでが、「大切なゴールその①子どもが英語を好きになる！」の基礎になります。

（3）は、自分のなかに「取り入れた英語」を使って、「英語で発信する」ことです。これができることが、「大切なゴールその③将来ビジネスで使える『コミュニケーション力』と『教養力』を育む！」の基礎になります。「インプット」を「アウトプット」に連動させるきっかけをつくるために、おうちでできることの具体例を巻末付録で紹介しましたので参考にしてください。

さらに（4）を行うと、おうち英語で身につけた英語力をキープしながら発展させることができ、「大切なゴールその②入試で役立つ英語力を身につける！」という目に見えた結果が得られます。

この4つが入ったプランを「おうち英語の白地図」と考えます。家庭の環境やお子さんの成長に合わせて、使う教材を選んだり時間配分を変えたりと、オリジナルの地図を描いてください。まずは（1）から始めましょう。（1）だけ行えば、ざっくり下地が完成です。

＼ Point ／

おうち英語のポイントは4つ。「聞く」が9割！

＼ 親トク ／

どんなに忙しくても「聞かせるだけ」ならできる

013

「7歳」までは 「バイリンガル」になれる

　7歳前後までの子どもは、完全なバイリンガルになれると言われています。

　その後も言語学習は可能ですが、**脳の別の回路から**理解することになり、獲得レベルが低くなります。たとえば、家族で渡米したとすると、5歳の弟と10歳のお兄ちゃんでは、明らかに弟のほうが英語になじむのが早い、ということです。

　もう1つ、7歳といえば「小学1年生」です。小学生になると、学校で様々な科目の勉強が始まり、他の習い事やお友達との時間などが増えます。だから、英語をいちから始めるきっかけがつくりにくい、もしくはハードルが一段上がると言えますね。もちろん7歳を過ぎても大丈夫です。

　でも、お子さんが未就学児で、ママとパパが英語教育に関心があるのなら、**7歳までに、なんらかの形で英語を与えてあげることをおススメします。**

● 10歳から12歳は超重要

　7歳を過ぎても、学校で英語教育が始まるまでに、おうち英語をやっておくことには大きな意味があります。小学校高学年にあたる**10歳から12歳という年齢は、語学に関してはかなり重要です。「言語習得の臨界期」、言語を円滑に習得できる最後の年齢と言われているからです。**所説ありますが、母国語として言語を獲得できる上限は10歳〜12歳とされているのです。

　外国語を学ばせるときは「10歳までが1つの区切り」と覚えておくとよいでしょう。その時期を過ぎても、先ほど書いたように、じゅうぶんに使えるレベルまで追い上げることは可能です。

● バイリンガルの「言語以外のメリット」

　ちなみに、バイリンガルには、こんなにいいことがあると言われています。

- 言語学習を受け入れる時期が長い
- 創造性が高い
- 複雑な課題を、正確に、上手にこなすことができる
- メンタルの切り替えが上手

最後の「メンタル」については、私が特に注目している特性です。気持ちの切り替えが上手な人は、「うつ」になりにくいそうです。

　メリットがたくさんあって、素敵ですよね。
　このことを知ったうえで、**育った環境や母国語をまず大切にすること**が、大人になってからのお子さんの人生に重要な意味を持つということも、覚えておきたいですね。それぞれのご家庭でできる範囲で、無理なく続けるのが大切です。

\ Point /
7歳、10歳、12歳は
英語学習の節目

\ 親トク /
お子さんの年齢を
意識しながら、効率的に
英語を与えられる

014

「英語耳」は本当にある

　英語のリスニング力を身につけたいと思ったら、幼ければ幼いほど、スムースです。「英語耳」という言葉を聞いたことがあるでしょうか。英語特有の発音や音の強弱を聞き取る能力のことを「英語耳」と表現することがあり、「英語耳を鍛える」ためのリスニング教材が、大人向けのものも含めて、たくさん販売されています。

　耳に「日本語用」と「英語用」があるなんて、不思議に思うかもしれませんね。でも、**この「英語耳」は本当にあるらしいのです。**

　人間は生きる本能の1つとして、成長する過程で、自分には必要のない音声を認識しなくなっていきます。その土地で生き残るために本能的に行われている選別作業だと言えます。

　産まれたばかりの赤ちゃんは、どこの国の言葉でも聞き取れる能力を持っています。だから、赤ちゃんには語りかけをたくさんすることが大切なんですね。産まれた直後から毎日浴びるように聞き続けて、ようや

く1歳前後で言葉が出てきます。**話せるようになるためには、大量のインプットの時間が必要**なのです。

● 英語と日本語は「リズム」が違う

注目したいのは、英語と日本語の言語のリズムが大きく異なることです。英語はアクセントの間を等しい間隔にしようとするのに対し（「ストレス」リズムと呼ばれます）、日本語はひらがなひと文字を等しい間隔で発音しようとするのです（「モーラ」リズム。ちなみに世界中の言語の中でも日本語だけ！）。**幼い頃に英語を聞かせることは、日本語とは違うリズムを聞き取る訓練になるのです。**

子どもへの語りかけが大切ということについて、興味深いデータがあります。**3歳までにたっぷりと語りかけをした子どもはIQが高くなるのです。語りかけをする際には、赤ちゃん言葉ではなくて、親が普段使っている言葉でどんどん話します。**今していることの実況中継をしたり、これからの予定を伝えたり。絵本を読み聞かせるだけではなく、新聞や雑誌を朗読したりと、いろいろな内容を聞かせるとよいそうです。

● 英語耳は「聞かせるほどに」育つ

おうち英語では、「英語耳」を作るために、英語の

音をたっぷり聞かせるようにします。

　日本語の語りかけに対して、英語での語りかけはどうしても少なくなりがちです。英語での語りかけは、できる範囲でOKです。**私のほうから、取りかかりやすくて効果的なこととしておススメしたいのは、次からお話しする「歌のCD（音源）」と「絵本」と「朗読CD（音源）」です。**これらをうまく活用して、おうち英語の第1ステップ「インプット」を実践してみましょう。

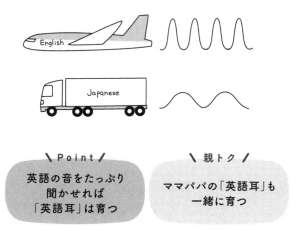

＼ Point ／
英語の音をたっぷり
聞かせれば
「英語耳」は育つ

＼ 親トク ／
ママパパの「英語耳」も
一緒に育つ

015

英語も日本語と同じ！ 人間は言葉を「音」から覚える

　英語の4技能「聞く（listening）」「読む（reading）」「話す（speaking）」「書く（writing）」のうち、何から始めればよいのでしょうか。

　日本語を子どもが覚えていく過程を、想像してみてください。まずは大量の日本語を聞いて、1年ぐらいしてようやく「マンマ」のような短い言葉を発するようになる。その後、ひらがなを認識するようになり、自分で絵本が読めるようになる……。文章が書けるようになるのは、その後です。

　基本的に、英語もこの流れで覚えていくということを頭に入れておきましょう。「聞く」「話す」「読む」「書く」の順番です。 この4技能は互いに関わり合っています。聞こえない音は発音できないし、相手が話すことを聞いて理解できるからこそ、自分の言葉で返事を伝えられる。言葉を文字で書き表せることを知って、文字を読んで内容が理解できるようになる。そして、文字を書けるようになって、文字を組み合わせて文章を書けるようになります。

● 「書く」のは小学校に上がってからがいい理由

「書く」については、小学校に上がってから始めるのがおススメです。**アルファベットと単語のつづりは、最初に間違えて覚えてしまうと後で直すのがむずかしいからです**（漢字の書き順と同様）。

ちなみに英検では、5級（中1程度）4級（中2程度）まではマークシートのみで、筆記試験はありません。**ライティング試験が始まるのは3級（中学卒業程度）からなので**、3級の準備のときに「書く」を取り入れても遅くないです。

ライティング試験では、自分の考えを英語でまとめる必要があるため、英語力だけではなく、考える力や常識的な知識も必要になってきます。だから幼少のうちに無理にここに手をつけるよりも、他の3技能、とりわけ「聞く」に力を注いだほうが、お子さんの成長に応じた学びが得られるのです。

● おうち英語は「聞く」をくり返すのが基本

この本で紹介するおうち英語では「聞く」を重点的に行います。なぜ「聞く」を重視するかというと、理由は3つあります。

（1）しっかりと「聞く」能力をつけることで、「話す」「読む」「書く」のスキルの下地が身につくから
（2）CDなどをかけっぱなしにするのは、手軽にできて、家だと長時間行うことが可能だから
（3）「話す」「読む」に比べて、「聞く」は年齢相応以上の内容までできるから

「聞く」は前倒しに「英語貯金」を積み上げやすい分野です。
　小さな子どもは、敬語を使って専門的な話をしたり説明的な文章を読み書きしたりすることができなくても、聞こえてくる音なら、様々な年齢や立場の人が話している言葉を通じて、断片的にでも情報をキャッチすることができます。おうちでリラックスしながら、リスニング力を身につけてしまいましょう！

\ Point /
どんどん英語の音を
聞かせましょう！

\ 親トク /
ママパパの
リスニング力もアップ

016

最強のおススメ「マザーグースの歌」

さあ、英語の音を聞かせましょう。ここで大切なのは、しつこいですが、**お子さんを英語嫌いにしないこと。**だから、勉強のテキストのような内容ではなく、さりげなく耳に入ってきて、BGMのように楽しく聞けるものを選ぶようにしましょう。

最初に聞かせたいのが「英語の歌」です。英語の音を耳に入れるのが大きな目的なので、ママパパの好きなミュージシャンの曲をかけてもOKですが、メインでは子ども向けの歌を使うことを推奨します。

● 子ども向けの歌から始める3つの理由

これには3つの理由があります。1つめは「歌詞が子ども向けであること」。使われている単語や文章がシンプルで、子どもが会話に応用できる表現が多く、文法の基礎も耳から覚えることができます。また、シンプルな歌詞がわかりやすいリズムに乗っていますので、英語のフレーズの区切り方の感覚が身につきます。"I have a dream." という文章なら、4拍子で、"I（1

拍）・have（1拍）・a dream（2拍）."である、という流れが、歌だと自然に聞こえてくるのです。

2つめは「音域が子どもに合っていること」。日本のわらべ歌でもそうですが、女性のやさしい声で語りかけるように歌っていることが多いのは、幼い子どもが聞き取りやすく、真似しやすい音域であるからです。

3つめは「文化も学べること」。歌詞には、その地域の文化が反映されています。英米のキッズが必ず知っている定番の歌を知っておくと、将来的にコミュニケーションに役立つ日が来るかもしれません。

この3つの点を踏まえて、子どもの歌のなかでも、特におススメしたいのが「マザーグース」です。マザーグースは英語の伝承童謡で、「ナーサリーライムズ」とも言われています。イギリス発祥のものが主ですが、アメリカ発祥のものもあり、英米で親しまれています。「ハンプティダンプティ」「ジャックとジル」「ロンドン橋落ちた」など、なんとなく聞いたことがある方もいらっしゃるのではないでしょうか。

● マザーグースは教養の一歩目にもなる

せっかくだったらマザーグースを知っておくといいなと思うのは、マザーグースの歌詞が日常の会話にことわざのように取り入れられたり、ミステリーなどの

文学作品に登場したり、マザーグースの一節をもじったものがニュース記事の見出しになったりすることがあるからです。

　英米文化と切っても切り離せない存在なので、断片的にでも知っておくのとまったく知らないのとでは、ゆくゆく教養の面で大きな差になります。詩人の谷川俊太郎さんがマザーグースの歌詞を和訳した（名訳です！）シリーズ（講談社文庫）がロングセラーになっていますので、英語の歌詞と比べたり、読み聞かせに使ったりしてもいいですね。

\ Point /
「歌」から入ると英語を
好きになりやすい

\ 親トク /
たった1曲の音楽で、
英語教育をスタート

017

何をどう聞かせる？
「同じ音源をくり返す」が正解！

では、英語をいつ、どうやって、どのくらい聞かせればいいか。答えはカンタン！

おうち遊びをしているときに、さりげなく流したり、車の中でかけたりと、BGMとして英語の音を与えていきましょう。お子さんの耳に入ればいい、くらいの軽い気持ちで、無理のない範囲で、好きなだけ流せばOKです。

コツは、同じ音源をくり返し聞かせること。何度も聞いているうちに、お子さんがフレーズをかたまりで記憶して、発語につながるからです。耳で覚えておけば、後に文字が読めるようになったら「歌詞を紙に書いてみる」といった高度な学習にもつなげることができます。

● できるだけスマホではなくCDで

聞くときには、CDプレイヤーを使うのがおススメです。**CDプレイヤーのいいところは、CDを再生する、という1つの機能しかもたないところ。**いったんスイッ

チを入れたら、どこもさわる必要がなく、CDが終わるまで再生され続けます。オンにしたら、親の役目は完了、**あとはほったらかしでOK**なので、習慣化しやすいです。CDはネット上のコンテンツと違って、内容が更新・刷新されることがないという安定性も魅力です。

こういった理由から、本当はCDプレイヤーのほうがいいのですが、スマートフォンやPCなどのデバイスに入れた音源を流すという方法でもかまいません。その場合、途中で電話がかかってきたり、仕事で使ったりと、親の用事で音声が中断される可能性があることに注意してください。

また、小さなお子さんにスマートフォンを預けてしまうと、親が知らないうちに、別のコンテンツが再生されてしまう、という予想外のことが起きるかもしれません。安全を確保するために、お子さんが小さく、おうち英語を始めたばかりのときは、親が完全に管理できる形で音声を与えるよう意識してください。

● スマホを使う場合の注意点

わが家の場合は、未就学のうちは、日中はCDプレイヤーのみを使い、電話などの邪魔が入らない夜間(寝る前)にだけ、スマートフォンに入れた音源も使って

いました。時々私のスマートフォンやiPadを、時間を決めて「貸す」ようになったのは、それまでにCDを覚えるほどくり返し聞いて、かなりのリスニング力がついてからです。

　YouTubeで好きな洋画の予告編を見たり、朗読CDを選んだり、読みたい本を検索したりと、「自分から好みのコンテンツを取りにいく」ために使わせています。本書で紹介するリスニングは、「親が英語を与える」ことがメインなので、無理のない範囲で、ママパパが主導権を握れるように工夫してみましょう。

　聞かなくなったCDを久しぶりに取り出して聞いてみたらすっかり身体に染み付いて理解できている……という喜びを味わえるのもCDのいいところ。親子で楽しめて無理のないやり方で、英語の音源を流してくださいね。

\ Point /
同じ音源をさりげなく
生活の中で聞かせる

\ 親トク /
CDプレイヤーのスイッチを
入れたら、ほったらかし

018

リスニング力につながる「英語の歌」の選び方!

　さらに具体的にお伝えしますと、私がメインで使っていたのは『マザーグースの歌―イギリスの伝承童謡』と『いーっぱい！　英語のうた全60曲』という2枚組のCDでした。最近だと『CDマザーグース英語のうた2枚組』など、入手できるものを探してみてください。息子は保育園に預けていたので、主に送り迎えの車の中と、夕飯の支度のとき、お風呂上りなどに聞かせていました。

　どれぐらい聞かせていたかというと、**長くても1日に90分ぐらい**でしょうか。休日のロングドライブのときには、CDを流しっぱなしにすることもありましたが、英語の歌だけにこだわらず、日本語の歌や好きなクラシックの曲もかけていました。英語タイムというよりも、音楽鑑賞タイムという感覚で、「親も楽しめる時間」にしていました。

● 洋楽もこのポイントで選べば大丈夫！

　私たちも、日本のわらべ歌は、一生懸命覚えたわけ

ではないけど、大人になっても、なんとなく知っていますよね。英語の定番の子どもの歌も、そんなふうにお子さんの一部になると素敵ですよね！

　洋楽好きなママパパさんは、お気に入りの曲を聞かせてももちろんOK。ただし、過激な歌詞が入っていないかをチェックしましょう。意味を知らないまま耳で覚えて使うとキケンです。小さなお子さんに聞かせるなら、**激しすぎないテンポで、歌詞がはっきり聞こえるもの**がよいですね。

　気をつけたいのは、「英語オンリー」のCDを選んでほしいということ。日本語の曲がまざっているものは避けてください。

●「子どもの心を動かす歌」を聞かせよう

　ミュージシャンがわが子に愛情をこめて贈った歌、たとえばジョン・レノンの「ビューティフル・ボーイ」はいかがでしょう？

"Close your eyes
　Have no fear
　The monster's gone, he's on the run
　And your daddy's here……"

（目をとじて／怖くないよ／モンスターは去った、逃

げて行ったよ／そしてパパはここにいる……)

　お子さんが大きくなったときに、「そういえば子どもの頃に親と一緒に聞いたなあ」とふり返ってくれる名曲を教えてあげられたらいいなと思います。
　ミュージカル映画の名作『サウンド・オブ・ミュージック』の挿入歌もおススメです。「ドレミの歌」や「私のお気に入り（My Favorite Things）」、「エーデルワイス」といった、子どもに安心して聞かせられる名曲が楽しめますよ。
　また、お気に入りのディズニー映画のテーマソングをお子さんが口ずさんでいたら、英語学習につなげるチャンス。ママパパが歌詞を確認して、しっかり歌えるように導いてあげてください。

\ Point /
子どもに覚えてほしい英語の歌をくり返し聞かせる

\ 親トク /
親も一緒に楽しめる音楽鑑賞タイムに

019

英語を「生活音」の一部にする

　おうち英語を始めたら、英語を生活音の一部にしてみましょう。これは、家だからこそできる環境づくりですので、ぜひ取り入れてください。

　日本で暮らす私たちの日常を考えてみましょう。テレビのニュース、家族の会話、お友達や先生のお話、駅のアナウンス……いろんな日本語の音が、混ざり合って耳に入ってきます。そんななかで、自分に必要な音を聞き分けたり、様々なシチュエーションで使われる言葉を覚えていったりするのです。

　英語圏の子どもは、そうやって英語の「リスニング力」を育んでいきます。英語の音を聞くときも、「1つの音だけに耳を澄ませる必要はない」という**気楽な気持ちで、英語の音を「かけ流す」**といいですよ。「はい、今から英語を聞きますよ！」と身構えるのではなく、隣で野球中継が流れていても、家族が日本語でワイワイしゃべっていても、とりあえず英語の歌のCDのスイッチをオンにしてみていいんです。

　食事中にスマホをさわるのは抵抗があっても、CD

プレイヤーでかけ流すなら、罪悪感もないですよね。

● ママパパも少しだけ参加できること

　ママパパもせっかくだから英語で情報に触れてみましょう。テレビのニュースや映画が二か国語放送の場合は、副音声にしてみる。ケーブルテレビで海外ニュース（BBCやCNN）が視聴できるのであれば、30分だけつけてみる。**なんとなく（時々）英語の音が流れている時間を持つのです。**お子さんに聞かせるためというよりは、ママパパも英語に触れている姿を見せるという「環境づくりの一環」だと思ってください。もちろん親のリスニング力の強化につながります。

　海外ニュースはハードルが高いかも……というママパパにおススメしたいのが、「NHKワールドTV」です。英語ニュースだけではなく日本の番組を英語に吹き替えたものや伝統文化を英語で紹介する番組もあり、身近なトピックが多くて理解しやすいですし、日本のことを英語で知るきっかけになります。海外の人に英語で日本を紹介するときの下地にも使えます。

● 身構えずに楽しむ

　親にとっても、「これ英語でなんて言うのかな」というような英単語を発見する楽しみもあります。たと

えば日本のお米を紹介する番組では、「香りがよい」を"nice aroma"、「もっちもち」を"springy"と言っていました。インタビュー番組で日本人が日本語で話しているときは、英語の字幕が出るので、英→日と日→英を一度に学べます。お子さんが文字を読めるようになったら、単語の話をしてもいいですし、そうでなくても、「今のは○○のことだね」と、内容を会話に取り入れるといいですよ。

わが家はテレビをよく見るので、テレビをおうち英語によく活用しています。**情報を取るメディアはご家庭によってまちまちですので、わが家でよく流れている音は何かな……? と考えて、その一部を英語にしてみてはいかがでしょうか。**

\ Point /
子どもが聞いていなくても英語を流せば効果がある

\ 親トク /
親も英語で情報を取る練習に

020

2歳を過ぎたら、テレビ・スマホ・PCの「画面」を上手に活用する

テレビだけではなく、YouTubeにも多様な英語のコンテンツがありますし、英語のDVD教材もたくさん売られています。**2歳を過ぎたら、「画面」つまりテレビやスマホやPCを「上手に利用」しましょう。**

2歳という年齢は、メディアと付き合うにあたって、かなり重要です。研究によると、**1歳半から2歳半の間に脳の情報処理能力が変化し、テレビに集中しやすくなる**のです。生身の人間からしか学べなかった子どもが、この年齢の前後から、画面から情報を取り出す術を学んでいきます。

ただし見せすぎは禁物。APP米国小児科学会は「1日2時間以下」を推奨しています。画面に集中している間、幼児の心と体の発育にとって、「最も大切な活動」がおろそかになるからです。その大切な活動とは……家族とコミュニケーションを取ること、体を動かすこと、睡眠です。**1日2時間以上テレビを見る子どもは、集中力の持続時間が少ない**というデータがあります。

では、どんなものを見せればいいでしょうか。PC

やスマホで世界中のコンテンツを見ることができる今の時代、選択肢はたくさんあります。市販の英語教材のDVDを活用してもよいし、アニメなど子ども向けの番組を英語で見せてもよいでしょう。

番組選びの2つのコツ

番組選びのコツは2つ。

（1）今お子さんが日本語で楽しんでいるものと同じような内容であること
（2）あまり長くないもの。つまり、興味を持って見ることができて、飽きずに最後まで見ることができるもの

わが家では、2歳を過ぎてから、「おさるのジョージ」「きかんしゃトーマス」など、お気に入りの絵本のアニメ番組を見せていました。

子ども向けのアニメ番組は、1話が短いので使いやすいです。DVDなら英語音声のみで字幕オフ、テレビのリモコンの「音声」で「英語」を選んで番組を見せましょう。日本語のみならず、英語の字幕もオフです。**字幕をオフにするのは、英語の音声だけに意識を集中するためです。**

英語のスピードに親がひるんではいけない!

　子ども向けのアニメでも、英語のセリフのスピードが意外と速いことに、驚かれるかもしれません。**ここで大切なのは、ネイティブ英語の速さに「親がひるまない」こと。**子ども向けアニメはたいてい一話完結で、最後まで見ればストーリーがだいたいわかります。一時停止して確かめたりせずに、そのまま流し続けてOK。お気に入りのエピソードを録画してくり返し見ていると、子どもはセリフを真似できるぐらい覚えるようになりますし、ママパパも、それまで聞こえなかった単語が聞こえてきて「やったあ(嬉)!」と思いますよ。

「お勉強」ではなく「楽しみ」のためにアニメを観ている。その意識を親が忘れないことが大切です。

＼Point／
子ども向けアニメ番組が続けやすい

＼親トク／
くり返し見せているうちに、親も英語力アップ

021

テレビ番組はどう選ぶ？
見せるべきは「双方向」の番組

　番組を選ぶときに、1つ覚えておいてほしいのが「双方向」というキーワードです。アメリカで行われた研究で、子どものボキャブラリーに最も好影響を与えたのは「双方向（インタラクティブ）の番組」、**つまり画面からキャラクターが語りかけたり答えをうながしたりする番組でした**。こういった番組によって、**語彙力がアップし、社会性が増し、就学準備に役立つ**のだそうです。

　例を挙げると、『ミッキーマウス　クラブハウス』（TVディズニージュニア）は、ミッキーが語りかけてくれる双方向の番組です。これという番組が思いつかないときは、「双方向」というキーワードを手掛かりに探してみてもよいでしょう。

● 子どもは「交流」から学ぶ

　言われてみれば、日本の子ども向け番組にもインタラクティブなものが多いです。2歳を過ぎて、画面から情報を取り込めるようになっても、子どもは、交流

することによって言葉を学ぶのです。大人であっても、学習をする際には、講義を聞きっぱなしではなく、質問されたり、ディスカッションをする時間があったりするほうが、頭に入りますし、身につきますよね。

でも、そこにこだわりすぎずに、お子さんが楽しめるかどうかを基準に選んでくださいね。

お子さんが気に入ってくり返し見たがるのが双方向の番組ではないときは、親の出番です。お子さんに、日本語でもよいので内容について質問したり、聞こえてくる単語をリピートしたりと、情報を一方的に受けるだけではないように工夫しましょう。双方向の番組であっても、子どもに長時間見せっぱなしにしておくのは、できれば避けましょう。「見守り」や「声かけ」（2参照）を忘れないようにしたいものです。

● どんなに時間がない親でもできる「交流タイム」

とはいえ、「平日は忙しくて時間が取れない……」という方が多いと思います。そんなママパパは、「**スクリーンを見る時間を親子の交流タイム**」に活用しましょう。**方法はカンタン、番組を一緒に見る、それだけです。**自分の休憩を兼ねて子どもと一緒に楽しいアニメを見てひと息つく、というゆる〜い感覚で行うの

です。親子で一緒に楽しむことで、子どもは画面を通じて親との関わりを持てます。親が、お子さんに内容について語りかけたり説明したり、見終わったら内容について話し合ったり。そんなふうにスクリーンを活用するのがおススメです。

　ネイティブの速さのセリフを、全部聞き取れなくて当然。日本語のアニメを観るときも、一字一句を吸収できなくても気にしないですよね？　くり返しますが、「子どもを英語嫌いにさせないこと」が親の一番大事なミッションです！　子どもの反応を気にかけながら、ゆる〜く楽しめばOKです。

＼ Point ／
キャラクターとの
「やりとり」で英語に楽しい
イメージがつく

＼ 親トク ／
双方向の番組なら
「見せるだけ」でいい

022

「日本語説明つき」はNG！ 「英語オンリー」で聞かせる

英語の音を聞かせるときに意識してほしいことがあります。それは、「**英語だけで内容が完結しているものを聞かせる**」こと。

英語の歌なら、続けて日本語の歌詞が出てこないものを選びましょう。英語の朗読CDでは、英語に続いて日本語訳が流れるものは、ひとまず避けてください。対訳つきのものが悪いわけではありませんが、おうち英語では、まずは**英語の音を英語のまま理解する**ことに慣れるのが大事。英語オンリーで聞かせましょう。

かといって、TV番組で、間に日本語のコマーシャルが入ることを気にしすぎる必要はありません。視聴している内容そのものが英語で完結していれば大丈夫です。

● ラジオ英語講座が 子どもには向かない理由

英語オンリーという点から、「**ラジオ英語講座**」系の番組は、おうち英語を始めたばかりの小さなお子さんは、

ひとまず後回しにしましょう。

　私自身は「NHKラジオ講座」の大ファンです。中1で英語を学び始めたのをきっかけに「基礎英語」をカセットテープに録音して毎日浴びるように聞いていましたし、そのおかげで英語力がついたと確信しています。でも、1歳前後から英語を聞き始めた息子には、「まだ早い」と思って勧めませんでした。

　なぜかというと、「**日本語で説明をする時間が長く、英語を聞く時間が短い**」から。

　ネイティブスピーカーの音声が流れる時間よりも、先生が日本語でていねいに解説をする時間のほうが多いのです。

● 「英語→日本語」の頭の切り替えが　子どもには負担

　私のように中学から英語を始めたのなら、英語オンリーだと心細いですし、文法をしっかり学ぶことが大切です。ワンポイントアドバイスや英語圏の文化の紹介もためになります。

　でも、小さなお子さんが、「主語」「動詞」「目的語」や「過去形」といった言葉を使った説明を理解するのはむずかしいですし、短い英語 → 長い日本語 → 短い英語 → 長い日本語……と言語が切り替わる内容を

聞き続けると、英語に耳を澄ますこと以上に**頭の切り替えのほうにエネルギーが費やされてしまい**ます。何よりも、日本語を聞いている時間が長くなってしまいます。

「ラジオ英語講座」は、お子さんがもう少し大きくなってから、会話の練習や文法の理解のチェックを行うときに活用するのがおススメです。1人で学べますし、毎日聞けて、レベル別になっているので、計画的に続けやすいでしょう。「ざっくりと下塗りまで」の**おうち英語には、英語オンリーのものを使いましょう。**

＼ Point ／
日本語の解説はまだ不要。
英語を英語のまま理解する

＼ 親トク ／
「英語オンリー」だけを
意識すれば正解

023
リスニングを重視するのは「英語をまるごと」理解する基礎をつくるため

英語を耳で聞いて理解できるとき、何が起こっているかわかりますか？ **英語を、ネイティブの人と同じプロセスで理解できている**のです。具体的に説明しますね。

文章を耳で聞くとき、私たちは、**聞こえてくる順番に理解しようとします。文章を目で読むときとは違って、文章を先取りすることができない**からです。例を挙げます。

Which day is between Wednesday and Friday?（水曜日と金曜日の間の日は？）という文章。これはかたまりごとに、こんなふうに聞こえるでしょう。

① Which day／② is between／③ Wednesday and ／④ Friday?

日本語に訳すと、「なんの日？」「間にあるのは」「水曜日と……」「金曜日？」となり、④が聞こえた後に、初めて「わかった！ 木曜日！」となります。

リスニングをせずに、文章を読むことから始めてしまうと、うっかり「最後の文章から前に戻って読む」という「英文和訳」スタイルになってしまい、英語の語順で理解するという大切な訓練ができなくなります。

英語の鉄則は「聞こえた順、書かれた順に理解すること」です。日本語だってこの順番ですよね。最近はオーディオブックが流行っていますが、先の文章が読めなくてもすんなり頭に入ってくるのは、聞こえた順に理解できているからなのです。

● 将来長文読解にも生きるスキルのつけ方

「聞こえた順に理解する」スキルは、複雑な英語を「聞く・読む（インプット）」ときにも「話す・書く（アウトプット）」にも役立ちます。だから幼いうちに、短い文章を使って「聞こえた順に理解できる癖」をつけておくのが超オススメです。

「でも、翻訳するときは、英文を後から前に戻って読むのでは？」と疑問に思われるでしょうか。学校で英文和訳をするときに、日本語の語順に直すために、そのような方法を教わったママパパは多いかもしれません。

私は翻訳する原書を読むときに、まずは英語の語順のまま理解しています。それが最も正確に、最もスピー

ディに英語を理解する読み方だからです。文章が長くなればなるほど、英語の語順で理解することが、著者の伝えたいことを読み解くカギになります。

　理解した後に、翻訳者は日本語に訳さなければなりません。私はその段階でエンピツでなぞって印をつけながら精読してから、2、3文ごとに、「著者が日本人だったらどう書くか」という頭の中の「翻訳ボックス」に入れて、日本語に置き換えます。こうすると、意味の取り違えが少ないだけではなく、著者の息づかいや細かいニュアンスを、訳文に載せることができるのです。

　まずは聞こえた順に理解する。英語のリズムの感覚に慣れておけば、中学生、高校生になったときに「文法」の仕組みを理解する（文法は重要です！　68もご参照ください）ときに役立ちます。

　英語の読解のコツについては、5章でもう少し深めて書きます。聞こえた順番で理解することは、長文のリスニングにも読解にも効果的な「万能薬」ですので、意識して行ってくださいね。

\ Point /
英語の鉄則は
「聞こえた順、書かれた順に理解する」

\ 親トク /
英文和訳は不要。
英語をそのまま
与えればいい

024
「字の少ない英語の絵本」を読み聞かせタイムにちょい混ぜする

　もう1つのおススメは「英語の絵本」の読み聞かせです。絵本の読み聞かせの時間に、時々、英語の絵本も混ぜてみましょう。お子さんが自分で選べない年齢であれば、ママパパが気に入った絵本をチョイス。たくさん買わなきゃ！　と気負わなくて OK。**少ない冊数でいいので、くり返して目に触れさせる**ことが大切です。親も覚えてしまうぐらいに読み込めれば理想的です。

　絵を見せて、指差して "cat" とか単語だけを発音してもいいですし、朗読の音源があれば、聞きながら見せてもいいですね。親が楽しくできて、お子さんが喜ぶやり方で行ってください。お子さんに**言葉の存在、英語の「存在」を教える**つもりで。

● 「最初の1冊」の選び方

　最初の1冊を選ぶときのコツは、なるべく**「文字の少ない」**ものを選ぶこと。たくさん英語に触れさせたいからと、文字数が多いものを選んでしまうと、読むのに

時間がかかってなかなか次のページへ進めずに、親は焦り、子どもは飽きてしまいます。

　最初に買う絵本がわからない……という方に、私からのおススメは**エリック・カール（Eric Carle）の絵本**です。鮮やかな色彩とシンプルでリズミカルな英文が、記憶に残りやすいうえに、日本で入手しやすく、作品数が多く、日本語バージョンやキャラクターグッズなどの関連商品も販売されているので、興味の幅を広げやすいからです。お子さんが気に入れば、エリック・カールとの出会いが一生ものの宝物になることでしょう。

　『The Very Hungry Caterpillar（はらぺこあおむし）』『From Head to Toe（できるかな？　あたまからつまさきまで）』『Brown Bear, Brown Bear, What Do You See?（くまさん　くまさん　なにみてるの？）』が、うちの子のお気に入りの３冊でした。お子さんのお気に入りを見つけて、親子で楽しんでみてくださいね。

● アルファベット絵本は　厚紙で字が大きいものを

　「**アルファベットの絵本**」もあると効果的。アルファベットの大文字と小文字、その文字を使った単語とそ

のイラストが描かれたタイプのものです。

　選ぶポイントは、**ページがぶ厚いボードブックタイプのもの（＝丈夫）で、字が大きい（＝シンプル）ものを選ぶこと**。仕掛け絵本になっているなど、お子さんの興味を引く構成のものがいいですね。

　私は『Alphablock（Buildablock Die-cut）』という絵本を使っていました。アルファベットの形に型抜きがしてあるページをめくると、その文字を使った単語が現れます。小さくてコロンとしたデザインが可愛らしいので、今は仕事部屋に飾っています。

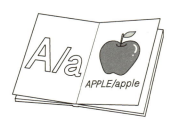

\ Point /
最初に買うのは
「文字が少ない英語の絵本
＋アルファベットの絵本」

\ 親トク /
少ない冊数をくり返し
使うのでコスパがいい

025
慣れてきたら「楽しさ重視」で絵本を増やす

「最初の数冊をくり返し読んで、もう少し買い足したいな……と思ったら、どんな絵本を選べばいいの?」

楽しめるものならなんでも OK ですが、ここでは私からのおススメを具体的に紹介します(「詳しすぎる」と思う方は読み飛ばしてくださいね!)。

英語教育のため、というよりも、親子で楽しめる絵本を選びましょう。お子さんが気に入っている翻訳絵本があれば、その原書をチョイスするとうまくいく場合が多いです。

エリック・カールの絵本の他に、息子が気に入ったのでよく読んだのは、エリック・ヒル(Eric Hill)の『Spot』のシリーズです。スポットという犬が主人公で、日常生活や季節の行事にマッチしたストーリー。優しい雰囲気のイラストには、ところどころに仕掛けがあって、親子でなごみながら楽しむことができます。日本語版の『コロちゃん』のシリーズもあるので、英語版になじんだ後で読み比べてもいいですね。

● お気に入りのページだけ読めばいい

　私が大好きな絵本作家ヴァージニア・リー・バートン（Virginia Lee Burton）の『Katy and the Big Snow（はたらきもののじょせつしゃ　けいてぃー）』と『Life Story（せいめいのれきし）』もよく読みました。ただし、こちらが前項に書いた「文字数の多い絵本」でして、最後まで読めないこともしばしば。

　とりわけ『Life Story』は名作絵本として知られ、地球誕生の瞬間から現代までをお芝居形式で描いた壮大なストーリーです。すべて読むと長いので、うちの子が好きな恐竜が描かれたページなど、**お気に入りのページだけを読む**ようにしていました。

● 教育的な絵本の定番

　絵本選びに迷いたくないので教育的な内容のものをセットで買いたい……という方は、オックスフォード大学出版の学習用絵本シリーズ『Oxford Reading Tree（オックスフォード・リーディング・ツリー、通称ORT）』や、米スカラスティック社の『Sight Word Readers（サイト・ワード・リーダーズ）』といった、レベル別になったシリーズ教材を順番に使うのもいいですね。内容に定評があり、薄い絵本ですぐに読

める達成感がありますし、上手に活用できれば、英語の基礎力を段階的に積み上げていくことができます。一括購入せずに、少しだけ試してみて、お子さんが気に入るか様子を見るのもいいですね。

大切なのは、何度もくり返し読むこと。お子さんの様子を見ながら、親子ともに楽しく続けられる方法で絵本を読み聞かせていきましょう。

親は「発音に自信がない……」とひるまずに、堂々と音読してOKです！　ちなみに私は、疲れるあまり子どもより先に寝落ちする日々でしたので、朗読CDのスイッチを入れて、読めるところまで一緒に音読し、力つきたらあとはCDにまかせていました。

それから、多くの人が勧める教材に自分の子どもがはまらないとき、**「うちの子は英語が好きじゃないのかも」と判断するのは早計。はまってないのは「英語じゃなくてコンテンツ」の可能性が大です！**　ここで英語をあきらめるのはもったいない。お子さんが好きな内容かどうかを、親目線でじっくりと見極めましょう。

＼ Point ／
絵本選びは
「学習よりも楽しさ」を重視

＼ 親トク ／
絵本から
英語につながる

026

「appleはリンゴだよ」と翻訳しない！
英語オンリーを徹底する

「英語オンリーだと、本当に理解できているのかわからない……」と心配になるかもしれません。だからつい、英語の絵本を読みながら「appleは『りんご』だよ」などと「翻訳」してしまうママパパも多いのではないでしょうか。

でも、それは必要ありません。絵を見てわかってもらえばいいからです。日本語の絵本と同じように考えてみましょう。赤くて丸い果物の絵＝appleとわかればOK。appleを食べたときの触感や味、香りなども想像できるかもしれません。**appleを「りんご」と翻訳できる能力よりも、形や味を想像できたり、好きか嫌いかを言えるほうが大切**です。単語を自分に関連づけて理解することから始めるのです。

子ども向けの絵本は、絵が子どもの理解を補ってくれるように作られています。お子さんが日本語の意味を知りたがったら、説明をしてもよいですが、なるべく英語オンリーで（解説抜きで）そのまま読み聞かせましょう。

英語の歌も同様です。英語の歌を聞かせることのメリットの１つが、**様々な動詞の活用形が出てくる**ことが多く、それを（なんとなく）理解できるようになることです。

　たとえば、『ロンドン橋落ちた』の歌では"London bridge **is falling** down"（現在進行形）や、"Wood and clay **will wash** away"（未来形）のように動詞が活用します。ここでも解説は不要です。なるべく英語オンリーで、楽しく聞いてもらってください。

● ペアレンティーズを活用しよう

「ペアレンティーズ」をご存じですか。日本語に訳すと「親語」。顔を近づけて、ゆっくりと母音を引き伸ばし、高い声、ハイトーンで語りかける言葉のことです。**生後１歳半までの子どもは、ペアレンティーズを使って語りかけると、言葉をよく認識するそうです。**

　なぜハイトーンがいいかと言うと、高い声は注意を向けやすく、母音の違いが明確になるので学習しやすいからです。それが外国語であっても、赤ちゃんの心拍数が上がるそうなので、英語で語りかけたり読み聞かせたりするときは、ぜひペアレンティーズでやってみてください。

　お子さんが、「apple＝りんご」と自分で「翻訳」

する日がいつか必ず来ますし、日本で生活をして日本の学校に通っている限り、「英文和訳」は避けて通れない学習です。**だからこそ、お子さんが小さいうちは、英語をまるごと体に取り込むような感覚を大切にしながら、英語を与えていきましょう。**

Heeeellloooo!
sweeeet booooy ♡

＼ Point ／
とにかく英語だけ。
読むならやさしく
ペアレンティーズで

＼ 親トク ／
親が解説しなくていい
（してはいけない）

027

「英語口」を鍛える！「ラレリルレロ」と「唇ブルブル」

「インプットの大切さはわかったけれど、英語を話せるようになるために、家で何をすればいいの？」

……おススメは、「英語口」をこっそり鍛えることです。

「英語耳」という言葉は聞いても、「英語口」とは言わないですよね。でも、英語を話すためには、「英語口」がとっても大切です。

ためしに日本語の「あいうえお、かきくけこ」を最後の「ん」まで言ってみてください。口を半開きにしたままの形からそんなに動かさなくても、最後まですらすら言えますね。

これが英語のアルファベットだとどうでしょう。「A」は「エ」で舌を少し出して、「イ」で口を横に引っぱります。「B」は上と下の唇を合わせてから息を前に出しながら「ビィ」。「C」は舌を上の歯の裏につけて「スー」という摩擦音を出してから口を横に引いて「スィー」。**英語は、日本語と比べて、舌と唇がかなり激しく動くのがわかります。**

だから、英語が得意で、読み書きは問題なくこなせる人が、久しぶりに英会話をしようとすると、うまく口がまわらないことがあります。

● 日本人が苦手な発音は？

 では、口を「英語を話すために準備する」にはどうすればいいか。いろいろ方法はありますが、シンプルなものをお教えします。私がバイリンガルの友人に教わったのが、「**ラ・レ・リ・ル・レ・ロ**」です。これを1語ずつはっきりと、唇と舌をしっかり動かしながら、鏡の前で自分の口を見ながら言う練習をするのです。口まわりと舌がかなり動くのがわかるはずです。「ラ・レ・リ・ル・レ・ロ」をくり返していると、英語を話すときに使う口まわりの筋肉が鍛えられます。日本語の滑舌もよくなりますよ。毎朝の歯磨きのときの習慣にしてもいいですね。

 これがしっかり言えると、日本人が苦手とされる「R」と「L」の発音のコツもつかめてきます。「R」は舌を口の奥で浮かせ、「L」は舌を前歯の裏にしっかりつけるのですが、「リ」から「ル」に移るときと「レ」から「ロ」に移るときに、舌が「L」から「R」の位置に移動するからです。ママパパがやっていると、お子さんもおもしろがって真似してくれるかもしれませ

ん。親子で「英語口」を鍛えてみるのはいかがでしょうか。

もう1つ日本人が苦手なのが、唇を合わせて「パッ」と離す破裂音です。**上下の唇を合わせたまま「ブルブルブルブル……」と震わせる練習をすると、「P」「B」の発音が上手になります**。これができたら、「ブルブルブルブル」と言ったまま、声の高さを上げたり下げたりすると、さらに唇の動きがよくなります。遊び感覚で、楽しんでやってみてくださいね。

＼ Point ／

家で英会話ができなくても、発音はよくできる

＼ 親トク ／

ママパパも発音がよくなる

028

迷ったら、「日本語の与え方」を思い出す

　ここまで読んで、これならできるかも……？　と思っていただけたら嬉しいです。いろいろと書いてきましたが、**おうち英語の進め方について迷ったときには「日本語の与え方を思い出す」ことで解決します。**

　日本語で、お子さんに絵本を与えたり、童謡を聞かせたり、話しかけたりしてきましたよね。言葉が出るようになって、絵本を指さしてひらがなを読むようになり、そのうち1文が読めるようになってくる。ひらがなの表を与えて、「あいうえお」を教えたり、実際に書かせてみたり……。

　英語も、ざっくり言うと、そんな流れです。お子さんの成長や興味に合わせて、内容を変えながら、与えていきます。**赤ちゃんに最初にひらがなの表を与えないのと同じで、最初にアルファベットをきっちり覚えさせる必要はないのです。**

　「世の中には楽しい歌や本があって、言葉というものが存在する。言葉にはたくさんの種類があって、日本語の他に英語という言語がある」ということを教えて

あげる気持ちが大切。**結果を求めるのではなく、お子さんに「楽しいな」と思ってもらうことを最優先に**してください。

● 子どもが英語に興味をもってくれないときは？

お子さんが興味を示さないときは、**はまっていないのは「英語ではなくコンテンツ」**かもしれないことを思い出して、別の作品に切り替えてみましょう。「**英語が嫌い」になるのは、「英語を通じてイヤな経験をしたから」であることが圧倒的多数です**。英語を通じて楽しい経験がたくさんできれば、もっと英語に触れたくなります。

脳の90パーセントは生後5年間に発達します。

その時期に最も大切なのは、しっかりと身体を動かすこと。運動をすることで、筋肉だけではなく脳の神経回路が発達するからです。また、お家の人やお友達との関わりや、人との交流が、言葉と心を育てます。座りっぱなしで英語のDVDばかり見ていては、絶対によくないということです。

●「頭をなでる」ことの科学的効果

それからもう1つ。有毛皮膚（毛が生えている箇所）

をゆっくりとなでると、「C線維」と呼ばれる神経線維が刺激されて、気持ちいいという感覚を得ることができます。

たくさん頭をなでてあげたいですね。
「今日も楽しかったなあ！　明日も楽しみ！」と子どもが笑顔でお布団に入る毎日をくり返したいもの。何よりも、ママパパ自身が、忙しい1日を笑顔で終えられたらいいですね。

＼ Point ／
自然に覚えた「日本語」と方法は同じ

＼ 親トク ／
英語より大切なことを、親は与えている

Chapter 3

何をどう使う？ おうち英語の「ツール」

029

海外の絵本を開いて、子どもに「世界の存在」を教えよう

初めてお子さんに英語の音を聞かせて、英語の本を読み聞かせるのって、親もワクワクしますよね。学生時代に英語で苦い経験をした方は、ちょっと不安を感じるかもしれませんが、大丈夫。お子さんと一緒に楽しむことで、自分の英語スキルもひそかにアップさせることができますよ。この章では、さらに具体的に、おうち英語を深めるためのヒントをご紹介していきます。

● アメリカの絵本は勧善懲悪、フランスの絵本はオチがない

まずは絵本の魅力について、改めてお伝えさせてください。

絵本は子どものためだけの本ではありません。赤ちゃんからお年寄りまで楽しめる「万能」の書籍です。**海外の絵本は、赤ちゃんや子どもがカンタンに触れられる、異文化体験でもあります。**

例を挙げると、フランスとアメリカの絵本のストー

リーの傾向は大きく違います。アメリカのものは、勧善懲悪や道徳的な内容の結末に至る物語が多く、その点は日本と似ています。一方のフランスのものは、「この世に悪人も善人もいない。誰もが少しずつ両方の要素を持っている」という考え方から、はっきりしたオチがなかったり、あやふやな結末のものが多いのです。

また、「アンデルセン童話」のハンス・クリスチャン・アンデルセンはデンマークの作家ですが、アンデルセンの物語はハッピーエンドではないものが多いです。そのため、英訳版や日本語訳版では、子どもの耳に入れたくない部分に大人が配慮の手を加えています。たとえば『人魚姫』だと、うちの子が持っている絵本では、人魚姫が（海の泡にならずに）王子様と結婚するというハッピーな結末になっています。国によって、大人が子どもに伝えたいメッセージが異なるというのは興味深いことです。

● 「どこの国の本かな？」を習慣にする

絵本がすばらしいのは、言葉がわからなくても、絵だけで伝える力があるところです。**まだ字を読まない年齢のうちから、ぜひいろんな国の絵本をお子さんに見せてあげましょう。「世界の存在」を教えてあげる**つもりで。

書店で海外の絵本を手に取るときは、「これはどこの国の本かな？」というのを意識してみてください。

　ワールドライブラリー社が翻訳出版している「世界の絵本シリーズ」では、英米以外にもロシアやインド、オーストラリアなど、いろいろな国の絵や文化に触れることができます。私はこのシリーズで7冊の絵本を翻訳させてもらいましたが、興味深かったのは、ロシアの科学絵本『ふしぎな宇宙』では、ガガーリンやスプートニク5号が詳しく紹介されていて、アメリカの月面着陸については記載がなかったことでした。

　その国の歴史や地理に思いをはせながら、子ども向けの海外の絵本を読むと、親も楽しめますよ。

\ Point /
絵本は「世界の窓」。
想像力も広がる

\ 親トク /
海外絵本は
親が見ても楽しい

030
メリットもデメリットも……「セット英語教材」との付き合い方を知っておく

　子ども向け英語教材セットの購入を検討されているご家庭も多いのではないでしょうか。CDとDVD一式に、音声が聞けるタッチペンがついているうえに、対面やオンラインで英会話が体験できたりと、魅力的な内容のものが多いです。

　セット教材を使うメリットは、もちろんあります。**一番のメリットは、年齢に合わせて段階的にプログラムが組まれ、教材がすべてそろっているので、親がいつ何を与えようかと迷わずにすむこと**。統一したキャラクターを使っている教材であれば、お子さんがそのキャラクターになじんでいくことで、英語への興味を深めることができます。

　ほとんどの教材は「聞く」と「話す」を中心に組み立てられていますので、英語の習い始めに必要なインプットとアウトプットの両方ができます。おうち英語の素材としてセット教材を使うのもアリです。

● セット教材は日本語の説明が ないものを！

　では、こうしたセット教材を使わなければ英語力は身につかないのかと言えば、そんなことはありません。単品の絵本やCDやDVDを使う、オンラインレッスンを受けてみる、など、代替案はたくさんあります。またセット教材の場合、最近は０歳から使うものが増えていますので、広告を見て、「もう３歳（４歳、５歳）だから間に合わない……」と、チャンスを逃したように感じてしまうかもしれません。でも、英語はいつから始めても遅くありません。

　セット教材を購入するなら、「オールイングリッシュ」を選ぶのがおススメです。日本語での説明や和訳がなく、英語を英語のままで理解できる教材です。たとえば、りんごの絵の下に"apple"と書いてあり、タッチペンを当てると"apple"と音声が出るけれど、「りんご」と日本語が書いていないものです。

● 続かなかったときの 「挫折感とコスト」に注意

　セット教材の特徴やメリットについては各社ホームページに書かれていますので、そちらを参考にしても

らうとして、「デメリットはないの?」と聞かれた場合、私からの答えは「**お値段**」です。**もしお子さんがその教材やキャラクターにはまらず、最後まで使いきれなかったら**……高い買い物になるだけではなく、余計な挫折感を味わうことになります。その分のお金を、ママパパがお子さんのために独自に選んだ英語の音源や絵本、もう少し大きくなってから使うための貯金や楽しい体験をするための旅行代にまわすという手もあります。

　セット教材は、親が選ばなくていいからラクという面もありますが、逆に、**親がお子さんを観察しながら好みに合わせてその都度選ぶというプロセスを楽しめなくなります**。お子さんと一緒に書店に行って選んだり、好きな内容の絵本を与え、好きな英語のアニメを見せたりすることは、**ゆくゆく、お子さんが自分で英語のコンテンツを選ぶための準備にもなります。**

\ Point /
挫折したときの
デメリットを知っておく

\ 親トク /
使わなくてもOK!
大金のリスク管理も大事

031
英語は「体験」と「訓練」を分けて考える

　英語学習を考えるとき、**「体験」と「訓練」を分けて考える**と、様々な判断に迷ったり、ストレスを感じたりすることが少なくなります。

　「体験」とは、英語を話す環境に（短時間・短期間）身を置くこと。子ども英会話のワークショップに参加したり、英語を話すお友達と遊んだり、夏休みに家族で数日間の海外旅行に行くのは「体験」です。この体験の期間が長ければ、自然に英語が身についてきます。

　5歳のときにアメリカに家族で移住した知人は、「最初の1年間、まったく口を利かなかった」と話していました。現地の幼稚園でひとことも発せず、家でも日本語さえほとんどしゃべらなくなってしまった。そして1年が過ぎた頃、突然、英語が口からすらすら出てきたんだそうです！

　インプット量がようやくじゅうぶんになって、自然にアウトプットできるようになったんですね。高校や大学で留学した人も、**「数か月では足りない。1年間、英語だけの環境に身を置いて、やっと英語が使えるよう**

になってくる」という意見が大多数です。

● たった少しの訓練が
　　体験の価値を倍増させる

　でも、日本に住みながら、1年も英語だけしか使わない環境を「体験」するのは、なかなかむずかしいですよね。**そこで意識して取り入れたいのが「訓練」です。**前もって訓練しておくことで、体験がより有意義なものになります。

　この本で紹介する内容の大部分は、日本にいながら英語を手軽に体験し、楽しく訓練するためのテクニックです。BGMのように英語の音を「ながら聴き」するのは体験。これをくり返すのは訓練です。意識的に英語の音をくり返し聞き、発音する。英語の本を読む。英語の文字を書く。訓練は、やればやるほど、成果が積み上がります。結果が目に見えやすいので、ママパパも手ごたえを感じることでしょう。ただし、強制しないこと。何度も言いますが、「英語嫌いにさせないこと」が最大のミッションです。

　訓練を通じてコツコツと「英語貯金」を貯めておいて、「体験」として使っていくと、英語力が大きく伸びます。

● 海外旅行でしゃべれなかったら……それも立派な体験！

「せっかく海外旅行に連れていったのに、子どもが（お店の買い物で／飛行機の中で／レストランで）英語をしゃべれなかった」とがっかりしなくていいんです。旅行は楽しみながら現地の文化に触れるという「体験」なのですから。**「体験」は、成果を期待せずに、思い切り楽しむのが大正解。**この「体験」と「訓練」を交互に積み上げていくと、らせん階段をのぼっていくように、英語力が伸びていきますよ。

＼ Point ／

「体験」は楽しく、「訓練」は地道に

＼ 親トク ／

旅行は家族の最高の思い出に

032

「ごっこ遊び」は成長の大チャンス

「ごっこ遊び」は、子どもの脳に効果的な遊びであることがわかっています。まずはテーマを決め（「おもちゃ屋さん」）、役割を決めて（「私がお客、あなたが店長」）、お芝居を始めて（「これください」「300円です」）、発展させます（「他の色はありますか？」）。このプロセスが、脳の実行機能の発達をうながすと言われています。

ある調査から、「演劇」に参加した子どもは、実行機能のスコアが高いことがわかりました。言葉が流暢になり、社交性が増し、問題解決能力が高く、ストレスが少なく、アイデアが豊富という特徴がみられたのです。

演じることが、他者への思いやりを育むこともわかっています。自分ではない誰かの役になりきることで、想像力が増すのです。その点でも、「ごっこ遊び」そして「演じること」は、小さなお子さんにとって重要な体験なのです。

● チャンスがあれば英語劇にチャレンジを

　このことを、英語学習にも応用しましょう。ご家庭で役を決めてロールプレイをしたり、絵本の物語を暗唱してセリフを言い合ったりと、英語で「ごっこ遊び」をする時間を作ってみるのです。絵本のセリフをそのまま使えば、ママパパの英語力も不要。遊びながら**「脳」と「思いやり」と「英語力」を同時に育めます。**

　お近くに、英語劇のサークルや教室があって、お子さんが興味を持ちそうなら、体験することを検討してもいいでしょう。脳や心への効用はもちろん、**英語を身につけるのに非常に効果的**だからです。台本を読んで、暗記する。発声練習や、手足を動かすウォーミングアップをすることで、身体を使う。ジェスチャーを交えながら役の気持ちになって英語のセリフを話し、他の役の人のセリフに耳を傾ける。これら全てが訓練になります。

●「聞く」「話す」「読む」をまとめてできる

　ミュージカル仕立てであれば、英語で歌を歌ったり、ダンスをしたりもできる。基本的な会話のパターンや、間の取り方やリアクションの工夫といったことを、自然に学ぶことができます。

4技能のうち「聞く」「話す」「読む」を集中して行うことができ、まさに一石三鳥、いえ、それ以上の経験ができるでしょう。数か月かけて1つの劇をつくりあげることはお子さんの達成感につながりますし、英語劇の発表会は、親子にとって一生の思い出になりますよ。

＼ Point ／
英語の「ごっこ遊び」は
一石三鳥の効果

＼ 親トク ／
遊びながら
思いやりの心も育める

033
英会話教室に通うなら、「家ではできない体験」をさせる

　おうち英語に取り組みながら、英会話教室などにお子さんを通わせることを検討しているご家庭もあるでしょう。

　教室を選ぶときのポイントとして、「家ではできない体験をさせる」ことを念頭に置くのがおススメです。たとえば次のように。

- ネイティブスピーカーと直接やりとりができる
- 英語を使って工作や運動や音楽活動ができる
- 細かくレベル分けがされているなど、目標を持って上達に向かうことができる

● 親ができないことをやってもらう

　「親にはしてやれないけれど、親としてわが子に取り組ませたいと思っている内容」が含まれていると「やってよかった」という満足感が得られる確率がアップします。

うちの場合の話をしますと、息子は保育園児のときに「英語劇」、小1の秋から「くもん」を始めました。「英語劇」については、私自身が学生時代から「素敵だな〜」と憧れていた教室があり、息子の意志ではなく私の希望でそこに通いました。息子が人見知りをまったくしない性格だったことも後押ししてくれました。すぐに集団になじんで、毎週楽しく通っていましたし、発表に向けて台本のセリフをすべて発音して覚えるという体験を7年間続けたことは大きな学びになりました。

「くもん」については、放課後の居場所も兼ねて行かせることにしました。くもんの英語では、たくさん英語の文字を書き、たくさんの物語を読みます。くもんで読んだ物語から好奇心が広がって類書を読み進めたり、先生に文字の書き方を指導してもらえたりと、私にはできないことを補ってもらえて、とても助かりました。

● 教室に通わせてよかったこと

　どちらも直感的に選んだ教室ですが、両方ともに、感謝の気持ちでいっぱいです。振り返ると、特に私がよかったと思ったポイントは、次のようなことでした。

- 「英語劇」は、親の代わりに「褒めて伸ばしてくれる」先生と、「一緒に目標に向かう」仲間がいること。また、音源のCDがもらえたので、おうち英語の幅が広がった
- 「くもん」は、「点数」をつけてくれる先生がいること。親の代わりに先生が「ダメ出し」をしてくれるのがありがたかった。また、小学生以降に毎日英語に触れる習慣づくりに役立った
- 英語劇は「劇の公演」、くもんは「進級」という形で、成果が目に見え、親子で成長が実感できた

どの教室がベストというのは、お子さんの興味やご家庭の方針によって違います。ネットやママ友の口コミ情報を参考にしつつ、実際に教室を見学したり先生とお話ししたりしたうえで、**「親の勘」で判断する**のがおススメです。

\ Point /
「親にできないこと」は教室で補えばいい

\ 親トク /
おうちではやっぱり「聞かせるだけ」でいい

034

ネイティブとの英会話は「口を見る」

　最近では、家にいながらオンラインで英会話レッスンが手軽にできるようになりました。また、幼稚園や小学校にネイティブの英語の先生が来てくれたり、ご近所に英語圏出身のお友達がいたりと、親が子どもの頃に比べて、「生きた英語」に触れるチャンスが格段に増えたのではないでしょうか。

　おうちで歌をたっぷり聞いたり、DVDやアニメを見たりして、英語のインプットが増えてきたら、アウトプットをしたくなります。お子さんが、耳から覚えた英語をつぶやいていることもあるでしょうし、歌やアニメのセリフなどの英語の音源を聞きながら真似するのも、じゅうぶんなアウトプットになります。そして、対面で英語ネイティブの人と会話する機会があるとしたら、絶対にしてほしいことがあります。

　それは「**話している人の口を見ること**」。英会話レッスンは、実は「視覚」が大事です。どんな口の動きをしているかを、よーく観察するのが大切なのです。これは、アニメやCDの音声を聞くだけでは絶対にでき

ないことです。

自然と発音がよくなるカンタンな方法

赤ちゃんは、ママパパの声を聞いて言葉を学ぶだけではなく、口の動かし方をしっかりと観察しています。私の大学の英語の授業では、クラスによっては、鏡を持参して、自分の口の中を見て、発音を練習しました。中学校の英語の先生は、"Look at my mouth（私の口を見なさい）"と注意をうながしました。

英語を話している人の口の動きは、日本語を話す人の口の動きとは違います。口の開け方も、舌の位置や動かし方もまったく違います。まずは「違う」ということを認識するのが大切で、それがわかれば「真似」もできます。

英会話レッスンというと、「聞く」と「話す」に意識を集中しがちですが、最も大切な上達のコツは「口を見る」ことなのです。

お子さんには、ここまで細かいことを説明する必要はありません。英会話レッスンを受ける前に**「先生のお口の動きをよーく見てね」**と声かけするだけでOK。あとは、先生とお子さんにおまかせしましょう。

口の動きとジェスチャーを再現させる

　口を観察することに慣れてきたら、自然と相手の表情やジェスチャーも目に入ってきます。レッスンが終わってから、お子さんに、先生の口の動きや手ぶりを再現してもらいましょう。**思い出すという行為が、英語力アップを助けてくれます。脳にしまわれた情報を取りにいくことで、脳の回路が強化されて、記憶が定着する**からです。

＼ Point ／
ネイティブの「口を見る」と発音がよくなる

＼ 親トク ／
親は教えなくていい。「口を見て」と言うだけ

035

「4歳」を過ぎたら、子どもの「興味の方向性」を観察する

「年中さん」と呼ばれる「4歳児」は、乳児から幼児へと変わっていく育ちざかりの時期。この年齢のお子さんは、できることがたくさん増え、自我が発達します。手先が器用になり、運動能力がぐんと発達して複雑な動きができるようになります。

言語能力が格段に発達し、おしゃべりが上手になるだけではなく、物語を創作したり、お話や歌を覚えたりも上手になります。「過去」「現在」「未来」という時間の認識ができるようになり、自意識が芽生え始めます。身体も心も飛躍的に成長するのです。

● 4歳児特有の好奇心を生かす

個人差はありますが、この時期のお子さんは、自立心と好奇心が芽生えることで、「興味の方向性」がはっきりしてきます。「なぜ？ どうして？」と次々に質問したり、親が選んだ服を着るのを嫌がったり。

成長するからこそ、自分の感情をコントロールできないこともあり、「4歳の壁」と言われる反抗的な行

動が見られるのも、この時期です。もしかしたら、それまで素直にママパパが与える絵本や歌を受け入れていたお子さんが、急にそっぽを向いてしまう……ということがあるかもしれません。

でも、ピンチはチャンスです。「イヤ」と言われたときは、お子さんの「好き」を探す絶好の機会なのです。

お子さんをよーく観察して、興味・関心があることを探しましょう。 図書館に一緒に出かけて、読みたい絵本を選んでもらうのも１つの手です。虫が好き、船が好き、恐竜が好き、お花が好き、幼稚園の話が好き、妹や弟のお世話をする話が好き、昔話が好き……。

お子さんの「好き」なジャンルがつかめてきたら、それに関する絵本や歌を与えたり、テレビ番組を見せたり、関連施設に連れていったりすると、お子さんは喜びますし、好奇心の翼をさらに羽ばたかせることができます。**そこに「英語のもの」を「時々」混ぜるのが、おうち英語を楽しく継続するコツです。**

● 「好きなもの」を英語の入り口に

うちの場合は、「海の生き物」と「恐竜」にはまっていましたので、そういった絵本や映像コンテンツを、インターネットで検索をしたりしながら探しました。そのうちディズニーチャンネルの子ども向けチャンネ

ルのディズニージュニアで放送していた『すすめ！オクトノーツ』というイギリスのアニメ番組が大好きになり、録画してくり返し見るようになりました（2025年2月現在も放送中）。海の中を探検して、めずらしい海の生き物に出会うという一話完結のストーリーです。その後、日本語のDVD付きの図鑑シリーズに夢中になり、「これ、オクトノーツで見た△△だ」と、興味を広げていくことができたようです。

　お子さんが「はまっているもの」を英語に結びつけるのは、親としてもワクワクして楽しい方法なのです。

＼ Point ／
子どもの「好き」を
英語でも与える

＼ 親トク ／
普段の子育てがそのまま
英語学習につながる

036

子どもが「好きなアニメ」は
DVDを買って活用する

お子さんが気に入ったアニメ（映画）があれば、思い切ってDVDを購入するのがおススメです。DVDのいいところは次の2点です。

（1）「字幕オフ／英語字幕／日本語字幕」の切り替えが選べる
（2）棚に置いておくと、お子さんの視界に入るので、くり返し手を伸ばしやすくなる（絵本と同様です）

お気に入りの作品をくり返し見ることで、何年にもわたって楽しめて、英語力も伸ばす（＆キープする）ことができます。

アニメのいいところは、実写とは違って、プロの声優さんが台本をアフレコしているので、一語一語がはっきりと発音されていること。だから、英語学習の入り口にはもってこいなんです。

字幕は必ずオフにする

　DVDを見るときの、たった1つのコツは、「**字幕オフ**」**にすること**。映像だけに意識を集中しながら、英語のセリフを、すべて耳から意味を取るのです。なるべくこの状態で見る回数を多くしましょう。

　お子さんが字幕の存在を知らないうちは、ぜひぜひ英語の音声オンリーに。いったん字幕をオンにすると、どうしても文字に目が行ってしまいます。子どものほうも、字幕という便利なものがあると知ってしまうと、「字幕をつけて〜！」と主張します。

　ママパパも、洋画を見ているときに、俳優がセリフを言い終わらないうちに、日本語字幕が目に入ってきて、ジョークに先に反応してしまう、という経験があるのではないでしょうか。**人間はいったん文字が読めるようになると、「文字を読む」ほうが「聞く」よりも速いのです。だからこそ、幼いうちに、英語オンリーでセリフを聞く体験を積むことが大切なのです。**

　子ども向けのアニメ映画は、映像がストーリーをじゅうぶんに補ってくれるので、それほどストレスがかからずに楽しめます。**とりわけ、文字を学校で習っていない未就学のうちは、できる限り「字幕完全オフ」だけで見せる**ようにしてください。

どうしても字幕をオンにする場合は、まずは英語字幕にして、英語の文字を読むようにしましょう。できれば日本語字幕は最後まで使わないのがベストです。

　うちの子の場合は、ディズニー映画の『プレーンズ』とアメリカのテレビアニメの映画版『フィニアスとファーブ』、恐竜アドベンチャーアニメ『ダイナソー・トレイン（Dinosaur Train、PBS キッズ DVD、日本語字幕なし）』をくり返し見ていました。子ども向けのアニメであっても、セリフはかなり速いのですが、見ているうちに子どもは慣れてきます。前にも書いたように「親はひるまない」で OK です。

日本語字幕
字幕なし ◁

＼ Point ／
アニメDVDは
「字幕オフ」で
くり返し見せる

＼ 親トク ／
親のリスニング力も
こっそり鍛える

037

裏技! 「日本発の英語アニメーション」を活用する

先ほどの項で、英語のアニメ作品をくり返し見せるのをおススメしました。最初は聞き取れなくても、徐々にネイティブの速度に耳が慣れてきます。そうは言っても、やはり、「海外の作品を英語だけで見せる」という入り口の段階でひるんでしまうママパパがいらっしゃるかもしれません。

「もう少しわかりやすい英語に触れさせたい……」
「現実的な英会話力につなげたい……」

と考えるママパパも多いと思います。

この希望をかなえてくれる作品としておススメしたいのが、NHKの英語アニメ「リトル・チャロ」シリーズです。DVDが出ていますし、Eテレで時々再放送しています。

● 「リトル・チャロ」がおうち英語に最適な理由

アメリカで迷子になった日本生まれの子犬チャロがニューヨークで様々な冒険をくり広げる物語で、涙あ

り、笑いあり、感動ありで、親子で楽しめます。時々日本語も出てきますが、ほぼ全編が英語オンリーのうえ、中学レベルのシンプルな英語だけでセリフとナレーションが構成されています。**1文が短くてわかりやすいので、耳で聞こえてきた英語をそのまま暗記したり真似したりがしやすいです。**

　息子は「リトル・チャロ〜ニューヨーク編」でチャロのファンになった後に、シリーズ第3弾『リトル・チャロ〜東北編』にどっぷりはまり、ストーリーに登場する東北地方の民話に興味を持つようになりました。日本のお話を英語で見ると、「雪女」を"Snow girl"、「かんざし」を"hairpin"と表現していたり、新たな発見があっておもしろいですよ。

● ジブリ映画を英語で聴く

　子どもから大人まで楽しめるジブリ映画を英語の音声で視聴するのもお勧めです。『千と千尋の神隠し』『となりのトトロ』『魔女の宅急便』など、英語の音声が入ったブルーレイやDVDが発売中です。字幕はオフにして。あくまで音声を「かけ流す」ようにして、子どもが興味を持って楽しんでいるか、音を聞こうとしているかを観察しましょう。

● 動画配信サービスや YouTubeを活用する

　日本発ではなくても、おなじみの作品やキャラクターであれば、英語を聞くハードルが下がるのではないでしょうか。アマゾンプライムやネットフリックスなどの動画配信サービスに加入しているなら、お子さんが普段見ているアニメ作品に「英語」の音声があるかをチェック。

　YouTubeなら21の項でも紹介した『ミッキーマウス　クラブハウス』Mickey Mouse Clubhouse (https://www.youtube.com/@disneyjunior) は、おなじみのミッキーたちのキャラクターが視聴者に呼びかける形式なので、楽しみながら「聴く力」を養うことができます。お子さんが小さいうちは、見せっぱなしにならないように、親も一緒に視聴して、親子で楽しむ時間にすれば安心です。

＼ Point ／
日本発アニメの英語版は
英語がシンプルでよい

＼ 親トク ／
親も楽しみながら
会話力＆リスニング力
アップ

038
忙しくても続けるために「時間枠」を決める

　おうち英語は、基本的に親が子どもに「英語を与える」という形を取ります。ということは、親と子どもが一緒に過ごせる時間帯に行うことになるわけですよね。そして、いったん始めたら、毎日コツコツ続けたい。できたら10年後も継続していたい。だったら、**学年が上がってもお子さんがママパパと一緒に過ごすであろう時間帯に、「英語に触れる時間枠」を確保して**おきましょう。

　おススメは「朝食前」と「寝る前」です。毎日必ず英語に触れる、という時間枠を、10分や15分でいいので、毎朝毎晩作っておくのです。

● 1日の流れの中での
　　スケジュールを決める

　私の場合はというと、息子を0歳から保育園に預けていて、平日に一緒に過ごせる時間は朝と晩だけでしたので、次のようなルーチンを作っていました。
「朝ごはんを食べながら英語の音源を聞く」

「送迎の車の中で英語の歌をかける」
「夕食の支度の間、英語アニメのDVDを見ながら待たせる」
「寝かしつけの読み聞かせに、英語の絵本も混ぜる」

小さい頃は、家の中でも目を離せない時間（＝一緒にいる時間）が多かった分、英語を与える時間も多かったです。

徐々に、息子は自分で好きな本を選ぶようになり、英語に触れる時間が減っていきました。それでも**少なくとも「朝」と「寝る前」だけは、英語に触れるということを習慣化しました。**

成長するにつれ、ルーチンは変わっていきます。5歳の頃、物語の朗読CDが気に入ったので、英語の歌をかけるのをやめて、朗読CDオンリーに切り替えました。

小学生になると、本を見せて、読みながら文字をなぞってもらう時間を作りました。その流れで、文字が読めるように、書けるように、と誘導していきました。

● 自主的に勉強する習慣にもつながる

小学校高学年になると、「朝にくもんのプリントを解く・英単語を覚える」「夜は自分の好きな朗読CDを聞きながら眠る」が習慣になりました。相変わらず、

私が教えることはありません。**「線を引きながら読んでね」「音読して聞かせてね」**と声をかけるだけ。それは次の2点を確認するためです。

（1）ていねいに英文を読んでいること
（2）文のつながりを理解できていること

　大きくなってから自分で毎日英語に取り組めるように、最初から「時間枠」を決めておくと、親もラクです。スキマ時間や食事のときなどに英語の音声を流す（19の項「英語を『生活音』の一部にする」）を時々行うのも継続しましょう。同じ番組を見ていても、英語を積み上げた年数だけ、子どもの理解が深まっていくのがわかりますよ。

＼ Point ／
「英語の時間枠」を決めておくと継続率アップ

＼ 親トク ／
子どもが自力でやるようになると親のストレスが減る

039
「朗読CD」は親がラクして子どもが伸びる魔法のツール

　子どもが小さい頃、私は夕方になると疲れてしまって、ようやくベッドにたどりついたら、自分のほうが先に寝てしまうことが多々ありました。**この本でおススメしている「朗読CD」は、読みきかせをする体力がない自分のために編み出した策**なのです。

　ヒントになったのが、友人のアドバイスでした。Tさんは、ご両親がスーパーを経営されていて、子どもとおじいちゃんだけで夜を過ごすことが多かったのです。「親の読み聞かせが子育てにはとても大切」とあちこちで目にして罪悪感を覚えていた私に、Tさんは明るくこう言いました。

「あのね、私は子どもの頃『朗読のカセットテープ』で物語を覚えたの！」

　親の読み聞かせじゃなくても、子どもはちゃんと育つのね！　と肩の力が抜けました。

　歌だけではなく、本の朗読の音声も使えばいいのかも……と探してみたら、児童書などで、朗読CDが出ているものがたくさん見つかりました。**自分が読み聞**

かせる代わりに、ネイティブのナレーターの音声を一緒に聞きながら、眠る前の時間を過ごせたら、私も楽しくなりそう……。

● 子どもが楽しめる！
　朗読CDのおススメ2点！

ウキウキしながら、さっそく本を探すことにしました。選んだのが次の2つのシリーズです。

（1）『Magic School Bus（フリズル先生のマジック・スクールバス）』の絵本とCDのセット（米スカラスティック社）

先生が生徒たちを不思議なスクールバスに乗せて、太陽系や人体の中、恐竜の住む世界など様々な場所に連れて行くというストーリー。カラーのイラストの科学マンガで、自然科学をテーマごとに学べます。息子がその頃、図鑑にはまっていたので、**太陽系の星の名前や人体の名称など**、日本語で覚えたことを英語でも覚えられるのが魅力だと思い、原書と英語の朗読CDを8冊ほど購入しました。

（2）『Magic Tree House（マジック・ツリーハウス）』
アメリカの児童作家メアリー・ポープ・オズボーン

による児童文学シリーズ。幼い兄妹が、不思議なツリーハウスを通じて、世界各地の様々な時代に冒険に出かけます。日本語版は、現在も巻を重ねている人気のロングセラーです。原書の4巻セットが「恐竜」「騎士」「エジプト」「海賊」と息子好みだったので、まずはこれと英語の朗読CDを購入し、順番に20巻まで買い足しました。文字の多い児童書（チャプターブック）なので、**未就学のうちはCDを聞かせるだけ**にしました。世界の歴史や地理、有名な伝説といったテーマが多く、新しい知識が得られて好奇心をかきたててくれる頼もしい存在でした。

　届いたときに喜んだのは私のほうです。これで毎晩眠るのが楽しくなる……寝かしつけを手伝ってくれる「ナニー」（母親に代わって子育てをする女性）がわが家にやってきた。そう思いました。

\ Point /
朗読CDこそ
おうち英語の最強ツール

\ 親トク /
親は何もしなくていい

040

本 × CDの具体的な使い方 ①

「ものの名前」と「物語」にたくさん触れさせる

　前項で書いた朗読CDを使い始めたのは4歳以降です。「本×CD」の実際の使い方についてお伝えしたいので、年齢別に、どんなふうに英語の本やCDを使ったのかについてまとめてみます。

● 0～3歳でやったこと

　英語の歌のCDを聞かせることに加えて、絵本を見せて、指さしながら、読み聞かせていました。この年齢のときは「もう1回」とせがまれることが多く、同じ絵本をくり返し読むことが多かったです。

　お気に入りの絵本を自分で読み聞かせる他に、『Oxford Reading Tree(オックスフォード・リーディング・ツリー、通称ORT)』の薄い絵本とCDを購入して、次々に見せながらCDを聞かせる、ということも時々やりました。ただし、親子ともにあまりはまらずに、途中でやめてしまいました。

　読み聞かせる絵本は、英語だけではなく、むしろ日本語のほうが多かったです。「**ものの名前をたくさん**

知ってほしい」「いろんな物語に触れさせたい」という気持ちで読み聞かせをしていたのが、この時期です。

● 4歳からやったこと

絵本は文字が少ないため、朗読CDがすぐに終わってしまうので、何かもっといいものはないか、と探していて見つけたのが『Magic School Bus（フリズル先生のマジック・スクールバス）』でした。英語の字が小さめなので、寝る前にざっと見せておいてから、部屋を暗くして、CDで英語の音声だけを聞かせるようにしていました。くり返し聞かせて、内容がだいたいわかった頃に、昼間に絵本を見せて、文字を確認するようにしました。

後に音声は、スマートフォンに取り込みました。物語になじんでくると、このストーリーを聞きたい、というリクエストが増えてきたので、チャプター毎に取り込むと頭出しがしやすいので便利でした。

● 5歳からやったこと

『Magic Tree House（マジック・ツリーハウス）』の英語の朗読CDを聞かせ始めました。1巻ずつを2〜3週間かけてくり返し聞いて、次の巻をまた2〜3週間かけてくり返し、4巻まで行ったらまた1巻に戻

る、というように、**ひたすらくり返して聞きました。**そのうちBGM感覚になり、CDをかけながら他の絵本をながめたりもしていました。暗記するぐらい聞いたので、昼間に1人で英語のナレーションをぶつぶつ言っていることもありました。

　こちらも後にスマートフォンに音声を取り込みました。長いので、聞きたいチャプターだけ聞くことができて便利でした。

● 6歳からやったこと

『ハリー・ポッターと賢者の石』の英語の朗読CDを時々混ぜるようにしました。長い物語なので、スマートフォンに入れておいて、聞きたいチャプターだけ再生して、かけながら眠るようにしました。くり返し聞いて、まるごと覚えてしまったチャプターもあります。

＼ Point ／
「英語の時間枠」を決めておくと継続率アップ

＼ 親トク ／
子どもが自力でやるようになると親のストレスが減る

041

本×CDの具体的な使い方②

子どもが「はまっている ジャンル」を生かす

40で書いた他にも、様々な英語の朗読CDをかけ流しましたが、息子の不動のお気に入りは『Magic School Bus(フリズル先生のマジック・スクールバス)』『Magic Tree House（マジック・ツリーハウス）』『ハリー・ポッターと賢者の石』の3作で、小学生高学年になってからも、子守唄のように聞いていました。旅行先でも私のスマートフォンを操作して、寝る前に流しています。本人いわく、落ちつくんだそうです。

◯ 小学校に入るまでは 本は使わずCDだけ！

本はほとんど使わずに、小学校に入るまでは、ひたすら英語のCDの「音声を聞くだけ」。文字を読ませることにはこだわりませんでした。ちなみにエンピツを与えたのは小学校に入ってから（クレヨンで絵を描くのが好きな子だったので、うっかりエンピツを買ってあげるのを忘れていました……）。

文字情報に頼らずに世界を感じることができる期間

は、長い人生のなかでごくわずかであるので、その貴重な時間を大切にしたいと思い、未就学のうちは、日本語も英語も、読み書きの学習を進めることにはこだわりませんでした。

　それでも、徐々に本を読みたがるようになったので、子どもの興味を観察しつつ、本を買い足しました。たとえば、『Magic Tree House』に登場した興味のあるテーマ、「タイタニック」などについては、さらに史実を掘り下げた副読本『Fact Tracker；Titanic』と、ナショナルジオグラフィック社の子ども向けの英語の本『National Geographic Kids Readers』（←自然科学が好きならおススメです！）の『Titanic』を購入し、読みたいときに自力で読んでもらうようにしました。

　わからないことは一緒に調べました。タイタニックについてのTV番組を録画しておいて家族で見たりと、子どもが興味を持った分野を集中的に掘り下げるようにしました。

● 宇宙も恐竜も英語につながる

　宇宙にはまった時期もありましたし、恐竜一色だった時期も。**子どもの興味はどんどん移り変わっていくので、その時々に親が好奇心を持って寄り添うようにし**

ていました。私もタイタニックには相当詳しくなりました。

親が子どもから学べることがたくさんあるので、ぜひそんな時間を楽しんでくださいね。

＼ Point ／
朗読CDを聞かせつつ、興味のある分野の本を買い足す

＼ 親トク ／
子どもの興味分野に、親もはまると楽しい

042
絶対おススメしたい「文章なぞり読み」

　英語の本のCDをくり返し聞いて、お子さんが内容の意味が取れるようになってきたかな……という段階になったら、おススメしたいのが「なぞって読むこと」です。

　やり方はカンタン。**文章を音声で聞きながら、その英文をお子さんが指でなぞる。**これだけです。

　こうすることで、「耳で聞いたこと」を「目で読む力」につなげることができます。ただし無理はさせないこと。お子さんがしたがらなければ、ママパパがやってみてあげてください。真似をしたがるかもしれません。

　文章をなぞりながら読むことは、私が翻訳をするときにいつも行っていることなので、息子にもなんとなくやらせてみたところ、目に見えた効果がありました。

● リスニング力とリーディング力を つなぐ方法

　聞こえてきた文章を指でなぞる、という作業は、リスニング力をリーディング力につなげるのに役立ちま

す。私は翻訳する原書を読むときは、目で追うだけではなく、なぞりながら、そして頭のなかで「著者の音読」を想像しながら読んでいます。すると、長い文章であっても、文の流れが理解しやすくなり、どこで区切ればよいかがわかるようになります。著者の息づかいが見えてくるのです。

絵本であれば、なぞって読むことが、単語や文法を目で確認するのに役立ちます。文字数が増える児童書になれば、1文の構造を把握したり、強調されているキーワードを見つけたり、全体の流れをつかんだりするのに役立ちます。

わが家では主に、児童書のCDをかけながら、息子にページを指でなぞらせる、ということを行いました。めんどうだし集中力がいりますので、1章だけ、などと時間を区切り、数回聞きながら見てもわからない単語にエンピツで○をつけてもらい、あとで一緒に調べて確認しました。余力があれば音読してもらって、すらすら読めるようになったら、暗唱もできたらすごいね！　という流れです。**なぞって読む習慣をつけておくと、将来的に、英語の長文の読み間違いが少なくなるはずです。**ぜひぜひ、やってみてください。

シャドーイングはおうち英語では不要

　ちなみに、通訳学校で必ず行う「シャドーイング」という訓練があります。これは、耳に聞こえてきた英語の音声を、そのまま真似て数秒遅れで発語していく、というもの。これがマスターできたら、次は翻訳した日本語を英語の音声に重ねて発語していきます。同時通訳の練習です。

　非常に効果的な訓練ですが、**お子さんが、シャドーイングの練習までする必要はない**と思います。ここでも、日本語習得の流れを思い出してください。子どもが日本語を覚えるときに、シャドーイングはしないですよね。**絵本や児童書の英文は短いので、重ねて発語するよりも、1文ずつ区切って読むほうが、記憶しやすい**はずです。なぞって読むことで、着実に基礎力をつけましょう。

＼ Point ／
文章を「なぞって読む」と、「聞く」と「読む」がつながる

＼ 親トク ／
ママパパは教えずに、本をなぞらせるだけ

043
「児童書＋朗読CD」は 10年使える

児童書と朗読CDは、使い方をステップアップさせながら、10年でも使い続けられます。長く活用する秘訣（ひけつ）は次の通りです。

- 最初は、とにかくひたすら音声を聞かせる。この期間を一番長く取ります。なんなら音声を聞かせる「だけ」でもOK

さらに余裕があれば、次のステップを行ってみましょう。

- 内容がわかってきたな、と感じたら、音声を聞きながら、聞こえてくる文章を指でなぞりながら読む
  ⇒ 効果 音声と文字を合致させる
- 音声を聞きながらなぞって読むことができたら、今度は音声なしで、文章を目で追いながら指でなぞる
  ⇒ 効果 1文の区切りを意識しながら読む
- 1段落や1ページだけ、などと範囲を決めて、音読

してもらう

⇒ 効果 内容を全体で理解するようになる

- わからない単語にエンピツで印をつけてもらい、親子で単語の意味を話し合ったり、一緒に辞書で調べたりする

⇒ 効果 単語に興味を持ち、ていねいに調べる癖をつける

- 1行だけ、文章を書き写してみる

⇒ 効果 英文字の形やスペースの空け方に気を付けながら、英文を書き写せるようになる

- 1行だけ、文章を覚えて、声に出してみる

⇒ 効果 覚えた文章を作文や会話に生かせる

- 範囲を決めて「暗唱」する

⇒ 効果 物語を自分なりに消化して、表現する

このように、1冊の児童書とCDがあれば、4技能のすべてに効果が出る使い方ができます。お気に入りの1冊が見つかったら、チャンスです。何度もくり返し活用しましょう。

以上のことを、すべて行わなくてもOK。実際、わが家でも、暗唱までできたのはほんの一部です。「嫌がるまで無理をさせない」がポイントです。音声だけは長い時間をかけて、しっかり聞かせておきましょう。

最後に重要な注意事項を。**本書でご紹介する児童書は、日本語版が発売されているものがほとんどですが、「日本語版をお子さんに先に見せないでください！」**。

　先に英語の原書と英語の音声をお子さんに与えて、まずはそちらを暗記するほどくり返し使いましょう。特に字が読めるお子さんの場合、日本語版と英語版があれば、日本語版を先に読みたくなってしまうもの。すると、英語版を読まないまま、他の本に興味が移ってしまうかもしれません。**日本語版を買うとしたら、その目的は、「親が意味の確認／予習」をすること**。内容を日本語版でざっくりつかんでおけば、お子さんをさりげなくサポートできます。日本語版は、お子さんの目に触れないように、しまっておきましょう。

＼ Point ／
「お気に入りの英語の本1冊」はとことん活用できる

＼ 親トク ／
長くくり返し使えるのでコスパがいい

044

情報を「選んで」
子育てを「楽しむ」

　このように書きつづっていると、私がものすごく計画的に子どもの英語力を伸ばした人のように思われてしまうかもしれませんが、実はほとんどのことは、「**少ない時間と体力で、いかに楽しく平日の子どもとの時間を乗り切るか**」という工夫の産物です。

　自宅で英語の本を読んで訳すのが仕事、という自分にとって、子どもと楽しく過ごすためには「一緒に英語に触れる」のが、自分にとって、最もやりやすいことだったのです。

　子育てや時間の工夫については、自分が訳した育児・教育本や関連書籍や親しい友人からヒントを得ることも多々ありました。また、バイリンガルの環境にいるお子さんやインターナショナルスクールに通わせているお子さんのママさんから直接聞いたお話や、帰国子女である同級生、帰国子女ではないけれど英語で第一線で仕事をしている友人など、実際に英語に関わっている方々からのリアルな口コミを、自分に無理なくできる範囲で英語学習に生かしていきました。

● 自分の家庭環境に合わせてアレンジ

情報をうのみにしないことは大切です。私の場合は、**いいなと思った情報をベースにして、自分の家庭環境に照らし合わせて、「親が無理をしない範囲でできること」を取捨選択して自分の経験値とかけ合わせた結果、「CDかけっぱなし」と「文章をなぞって読むこと」に行きついた**というわけです。

両方とも、親がつきっきりで教えなくてもできることなので、ほぼ毎日継続することができました。後に書きますが、単語帳や単語カードを作らずに「ふせん」を使って単語を覚えたのも、仕事に使うふせんが家に大量にあったことと、カードにすると夏は扇風機で飛んでしまうのが嫌だったからです(笑)。

● 親子の共通の話題

朗読CDについては、日本語のものも重宝しました。岩手県に旅行して宮沢賢治記念館を訪れたときに買った「宮沢賢治全集」の朗読CDのおかげで、息子は私よりも宮沢賢治の物語に詳しくなりました。また、「北欧神話」「ギリシャ神話」「日本の神話」の日本語の朗読CDも好きで、たとえば神々の名前に似た名前が人気アニメーションの登場人物に使われている、という

気づきがあったり、「北欧の神様は寛大だけど、ギリシャ神話の神様は嫉妬深いのかな」などという会話ができたりと、長年にわたって楽しめています。

「平日は忙しくて、特別なことができないけれど、少しでも子どもとの大切な思い出を作りたい」という気持ちで始めたおうち英語は、英語学習の枠を超えて、親子の貴重な共通の話題へと進化してくれているように感じています。

\ Point /
情報はうのみにせず
「無理なくできる範囲」に
アレンジ

\ 親トク /
子どもと興味を
シェアできる

045

「親の願望」も ところどころ織り交ぜる

おうち英語は、親からアクションを起こすことが多いので、**「親がいかに継続できるか」が鍵になります。** 仕事に家事に人づきあいに、大忙しの日々のなかで、くじけてしまうこともあるでしょう。そんなとき、モチベーションをつないでくれるのが「親の願望」です。たとえば……。

「親子でメジャーリーグ観戦に行きたい！」
「ハリー・ポッターを（親の私が）原書で読めるようになりたい！」
「親子でアメリカのディズニーランドに行きたい！」

など、**自分がやってみたいことを、子どもと一緒に追いかけるつもりでおうち英語をやる**と、毎日が楽しくなります。

私の願望は「家族でハワイのダイヤモンドヘッドに登りたい」でした。貯金をして、休みを取り、夢が叶ったときは、本当にうれしかったです。

● 家族の趣味と連動させる

　家族の趣味やライフスタイルに「英語を混ぜる」のもおススメです。本書のなかに夫はあまり出てきませんが、実生活ではかなり濃い存在でして、キャンプや山登り、寝台特急での長距離旅行、カヌーで川下り、離島を自転車で１周、など、あっと驚く景色を私たちに見せてくれます。歴史や旅の番組を録画しておいて見せてくれることが多く、そうした経験が、英語学習と連動することも多々ありました。

　たとえば「サンライズ出雲」に乗って訪れた島根県で、「小泉八雲記念館」に入ったのがきっかけで、小泉八雲（ラフカディオ・ハーン）の怪談話にはまり、有名な「むじな」（のっぺらぼうの物語）の全文を英語で暗唱できるまでになったこと。「SL銀河」などの列車を乗り継いだ東北への旅の途中で、NHK英語アニメーション『リトルチャロ〜東北編』に出てきた「おしらさま」や「河童」伝説のゆかりの場所を訪れることができたこと。かけがえのない思い出がたくさんあります。

日本の中にも英語を学ぶチャンスはたくさん

　日本の生活のなかで、英語を学ぶチャンスはいくらでも作ることができます。せっかく素敵な国に住んでいるのですもの、日本の歴史や文化に詳しくなって、英語で紹介できるようになったらいいですね。

　私が心がけているのが、「**家族の思い出をたくさん作る**」「**今日という1日を笑顔で終わらせる**」の2点です。今日に悔いを残さないのがモットーです。「1日の終わりを子どもと笑顔で過ごしたい」という願望を、朗読CDを使った読み聞かせを通じて叶えることができ、その延長線上に、本書の英語学習法のメソッドがあるのです。

＼ Point ／
親の願望をモチベーションに使っていい

＼ 親トク ／
自分の興味も生かせる

Chapter 4

小学校英語と
うまくつなげる
方法

046 小学1年生は「聞く」を「読み書き」につなげるチャンス

　小学校に入学すると、教室の自分の机の前に座って、時間割に沿って教科書を使って学習することになります。親も子も、小学生の生活パターンに慣れるまで、少し大変かもしれません。宿題が毎日出るし、テストで評価を受けるので、親のフォローが必要です。おうち英語に使える時間ががくんと減ってしまうかもしれません。

　でも、焦らなくても大丈夫です。**小学1年生は「聞く」能力を「読み書き」につなげる大チャンス**なのです。

　小学校では、まず日本語の「読み書き」を習います。書くことについては、「ひらがな」の練習から始めて、2学期から「漢字」の練習が始まります。ノートのマスの中に、はみ出ないように整えながら字を埋めていくのは、慣れるまではとてもむずかしい作業です。

　多くの小学校では、「字の練習」と国語の教科書の「音読」を宿題に出します。まずは「読み書き」ができることが、すべての教科の学習につながるので、ていねいにくり返し練習していくことが大切です。

● 国語の「字の練習」との相乗効果

　小学校に上がる以前からおうち英語を始めているお子さんは、小1が英語の「読み書き」を始めやすいタイミングです。
「書く」については、エンピツで文字を書くことを毎日学校と家庭のダブルで行うので、くり返しているうちに筆圧や線の書き方が整ってきます。ひらがなに慣れてきたら、お子さんの負担にならない程度に、アルファベットを書く練習をスタートさせると、効率よく学習できます。ただし、**アルファベットは最初に正しく覚えること**が重要なので、無理せずに、時間的に余裕があるときに行いましょう。

● 国語の音読も英語に生かせる

　次に「読む」ですが、学校の「音読」の宿題は、読んだ文字を声に出す訓練です。最初は、目で読んだひらがなを1文字ずつ認識し、バラバラに発音していた子どもが、練習するうちに、意味ごとにかたまりで読めるようになります。また、親が見ている前で、よい姿勢で、大きな声ではっきりと発音する練習をします。口や舌をしっかりと動かして、滑舌をよくしていくという狙いもあるそうです。

「音読」の宿題に慣れてきたら、英語の音読もおうちでやってみましょう。耳から聞いていた英語を、文字で読んで認識し、意味ごとにかたまりで読む訓練をするのです。

　未就学から英語を始めていたお子さんが、小学生になると、英語学習に使う時間が減ってしまうのは仕方がないことです。ここはポジティブにとらえて、小学校の学習を、うまく英語の学習につなげる工夫をしていきましょう。

＼Point／
小1は、おうち英語を
「読み書き」に
つなげる大チャンス

＼親トク／
学校の宿題を見る
「ついで」に英語も見る

047
ローマ字は「自分の名前」以外教えない

　小学校では、現在、3年生でローマ字（ヘボン式）を習います。2020年の新学習指導要領によって、ローマ字を習う学年が4年生から3年生に引き下げられました。

　日常のなかでローマ字表記が添えられた案内板やパンフレットを見たり、コンピュータを使う機会が増えたりするなど、ローマ字が児童の生活に身近なものになってきたことと、3年生から、総合的な学習の時間においてコンピュータを用いた調べ学習を行うなど、キーボードを用いる機会が増えているのが理由です。

● ローマ字の目的はあくまでも 「日本語を表すこと」

　ここで1つ理解しておくべきことがあります。それは、**学校でローマ字を習う目的は「ローマ字を使って日本語を表記すること」**であること。

　駅名の看板などは、漢字が読めなくてもローマ字が読めれば発音できます。インターネットで検索すると

きもローマ字入力を使いますし、**ローマ字を読み書きできることは、とても大切なのです。**

ところが、このローマ字が英語学習のさまたげにもなっている、という話を耳にします。学校でローマ字を習うときに、「ねこ」＝「neko」、「いぬ」＝「inu」のように練習するために、「dog」を「dogu」のように書いてしまうお子さんがいるのです。

日本語は「子音＋母音」の組み合わせで表記されますが、英単語のつづりはそうではありません。お子さんが間違えて書いてしまった場合は、「**ローマ字と英単語は別物だよ**」と優しく伝えてあげましょう。お子さんは学校の先生が教えてくれたことを忠実に守ろうとしているだけなのですから、ここは叱ったりがっかりしたりするポイントではありません。

● 家ではローマ字はあまり教えない

家庭ではローマ字は「自分の名前以外は教えない」で OK です。特に英語とローマ字を混同しやすいのが名詞です。だから、**名詞については、英単語のつづりをしっかりと意識するのが大切です。**

できれば**小学校でローマ字を習う前に、英単語（特に名詞）を「見て、読んで、発音する」という訓練を少し意識しておきましょう。**くり返しますが、ローマ字

は国語の教科書に載っていることからもわかるように、日本語を表記するためにあるものです。くれぐれも英単語とは別物だということを、ぜひ覚えておきましょう。

\ Point /
ローマ字は英単語と「別物」。自分の名前だけ書ければOK

\ 親トク /
ローマ字との付き合い方を決めておくと、英語学習の戸惑いが1つ減る

048

リビング学習を超えた「どこでもおうち英語」を親子で楽しむ

　子ども部屋で1人で勉強するのではなく、リビング学習を選択する家庭が増えています。ベネッセ・ニトリの調査によると、年長から小5までの子がいる家庭で、リビング学習をする子どもは8割以上にのぼるそうです。

　リビングで学習することの最大のメリットは、親が見守ってあげられること。ときには離れて、ときにはぴったりと付き添って、子どものがんばりを同じ空間で応援することができます。

　もうひとつのリビング学習のメリットは、「好奇心の翼を広げやすいこと」です。立体図形の勉強をしながら、紙とハサミを持ち出したり、国語の作文問題に取り組みながら、「『ペンは剣よりも強し』って、誰の言葉なの？」と家族に話しかけたり。

　裏を返せば「気が散りやすい」というデメリットにもなりますが、お子さんが小さいうちは、家族の助言や生活空間の刺激を受けながら、リビングで学習するメリットのほうが、はるかに勝ることでしょう。

● リビングは英語の宝庫

 おうち英語にとって、リビング学習にはメリットしかありません。いえ、リビングを超えて、お風呂場でも、洗面所でも、寝室でも、おうちのどこでも「英語に触れる」のが大正解です。

 家のすべての空間にはモノがあります。**モノには名前がありますので、言葉が存在するということです。**

 お風呂に入ってシャンプーするときに、"Wash your hair.（髪を洗ってね）"、流すときに "Rinse your hair.（髪をすすいでね）"、タオルで拭くときに "Dry your hair with a towel.（髪をタオルで拭いてね）" などと、毎日行う動作について、英語で声かけをするのもいいですね。

● 家事のスキマ時間を英語タイムに

 また、英語学習にはスキマ時間を活用しやすいという特徴があります。CDかけっぱなしは、部屋のどこにいても行えますし、夕食前の5分だけ英語の本を「なぞって読む」というように、待っててもらう時間を有効活用することもできます。

 わが家は、家族全員がリビングルームで過ごすのが大好きなので、テレビを小さな音で観ながら地図を眺

め(パパ)、英語のCDをかけながら別の本を読み(息子)、私がパソコンで翻訳をしている……なんてことがしょっちゅうです。

この前は、仕事で読んでいた原稿に出てきた"boredom = kry-ptonite"の意味が取れなくて、「クリプトナイト……なんだっけ?」とつぶやいていたら、息子が「スーパーマンじゃなかった? クリプトン星のクリプトナイト」と教えてくれました。"kryptonite"は「弱点」という意味で、ビジネス書にも用いられているのです。「助かった! ありがとう」と言うと、息子も嬉しそうでした。

リビング学習は、子どもに親が教えてもらえるのも意外なメリットです!

\ Point /
おうちのどこでも
「英語に触れる」

\ 親トク /
子どもに教えて
もらえることもある

049

子育ての難問「片付け」も解決!
「英語に関係したもの」は捨てない

　子育てで悩ましいのが「片付け」です。子どもはどんどん成長するので、服はすぐに小さくなってしまうし、小学生になる頃にはおもちゃも本もプリント類も増える一方なので、親は片付けと整理整頓の工夫に追われることになります。

　わが家は本や書類やパンフレット類が多く、先ほど書いたように、全員がリビングルームに集うので、気がつけばすごいことになっています。ただし私自身が「しまいこんでしまった本や書類は、ほぼ見返すことがない」ことをよーく知っているので、見た目の美しさはあきらめることにしました。読みかけの本や使っている資料や書類など、**作業が進行中のものは、なんでもリビングルームに置いています。**「見えることで頭のスイッチを入れる」のです。

　気持ち的に救われたのは、受験指導の著書が多数ある「塾ソムリエ」の西村則康さんが、**「子どもは少しぐらい雑然とした環境にいるほうが知的な刺激を受けやすいので、すべてをきれいに片付けてしまうのはよく**

ありません。親の『片付けよう』という気持ちより、子どもの好奇心が勝っているぐらいがいいのです」とおっしゃっていることです。

● 英語の本やCDは、いつまでも使える

　子どもに片付けの習慣を身につけさせることは大切ですし、増え続ける子どものモノの処分や収納は、避けては通れない道です。そのうえで、あえて書かせていただきますが、おうち英語に関するお片付けのアドバイスはたった1つです。

「英語の本やCDやDVDは、捨てないでください！」

　なぜかといえば、ものすごーく長く使えて、お子さんの英語力アップの確認ができるからです。

　英語の歌のCDは、時々思い出して流すと、親は、子どもが小さかった頃の思い出がよみがえってきますし、子どもは、数年前とは違ったアプローチから楽しんでくれます。

　英語の絵本や児童書も同じです。最初は絵だけを楽しんでいたのが、文字が追えるようになり、音読できるようになります。

　DVDもしかり。子どもの知識が増え、思考力が育ってくると、感じ方や気づくことが変わってきます。以前はぼんやりとしか意味が取れなかった単語がはっき

りと聞き取れてきます（ママパパも、ご自分のリスニング力がアップしていることに気づくはずです！　数年後を楽しみにしていてくださいね）。また、当時はあまりはまらなかった絵本を、数年後に急に好きになることも。

　すべてをリビングルームに置くのは厳しい、という場合は、昔の絵本は、ざっくりと読んでいた年齢ごとに、日本語の本と分けずに収納して、**子どもが自力で探せるようにしておく**のがおススメです。わが家では、寝かしつけのときに読んでいた本は、今も寝室の片隅に置いています。CDやDVDは、英語以外のものと同じ棚に混ぜて収納します。

　くり返し触れることで、記憶が定着するだけではなく、大切な宝物になっていく。そんな感覚で、ぜひ英語のモノとお付き合いください。

＼ Point ／
英語のモノは後からでも
役に立つので捨てない

＼ 親トク ／
「捨てない」と決めることで
ストレスが減る

050

ハリー・ポッターは「イギリス英語」の入り口にちょうどいい

『ハリー・ポッター』の映画で英語力をつけよう！と思って英語の音声に切り替えたところ、「めっちゃ聞き取りにくい……（泣）」と感じたママパパは多いのではないでしょうか。

あなたのせいではありません。日本の英語教育には主にアメリカ英語が使われているため、ほとんどの日本人は、アメリカ英語の音声に慣れ親しんで育ってきているのです。

小学校英語も主にアメリカ英語です。そして、アメリカ英語とイギリス英語では単語も違います。たとえばアメリカでは「2階」は"second floor"ですがイギリスでは"first floor"（1階は"ground floor"）です。ややこしいですね。

● 「英語は1つじゃない」と知っておく

『ハリー・ポッター』の作者J・K・ローリングはイギリス人なので、元々の小説はイギリス英語で書かれています。アメリカでも大人気なので、小説にはアメ

リカ版が存在し、表現だけではなくタイトルも変えてあります。

イギリス英語版は『Harry Potter and the **Philosopher's** Stone』と言いますが、アメリカ英語版は『Harry Potter and the **Sorcerer's** Stone』です。朗読CDやオーディオブックにも、イギリス版とアメリカ版がありますので、購入される際にはお気を付けください。

朗読CDを購入するのであれば、せっかくだからイギリス版で聞いてみることをおススメします。映画版では登場人物がイギリス英語を使っていますし、子どもの頃にイギリス英語に触れるチャンスです。 幼いうちにイギリス英語の音を入れておくと、聞き取れる音の幅が増えます。

単語の違いをきっちり覚える必要はありません。「英語にも国や地域によって違いがある」ことを知っておくだけでじゅうぶんです。「**聞き取れないのは、自分のせいではなくて、そもそも違うから！**」と知っていると、気分的にもラクですよね。

入学試験のリスニング問題にはアメリカ英語が使われることがほとんどですが、この傾向にも近年変化が見られ、2020年度から始まった共通テストでは、一部イギリス英語が使われました。英検では２級までは

リスニング問題はすべてアメリカ英語ですが、準1級からイギリス英語も入ってきます。

様々な種類の英語に触れるメリット

英語を使って仕事をしている人は、欧米人には限りません。シンガポールで使われている独特な英語を「シングリッシュ」と呼びますし、インドではイギリス英語を基調に独自に発展した「インド英語」が使われています。全部覚えなきゃ、と焦る必要はありません。**わからなければその都度ていねいに質問して確かめればいいだけです。**

翻訳者である私は、英語圏の人が書いた英文にも、それぞれにクセがあることを日々実感しています。**「英語の正解は1つではない」**ことだけを知っておいて、気楽に構えてOKです。

\ Point /
イギリス英語とアメリカ英語が「違う」ことを知っておく

\ 親トク /
せっかくだからママパパもイギリス英語に触れる

051

「英語ペラペラ」は幻想と心得る

「英語がペラペラ」という表現、一度は聞いたことがありますよね? よくあるのが次の3パターンです。

(1)「○○さんはアメリカの大学に1年留学したから、英語がペラペラなんでしょ」
(2)「△△さんは帰国子女だから英語がペラペラなのね」
(3)「子どもを英語ペラペラにしたいけど、どんな教室に行けばいいかな?」

でも残念ながら、「英語ペラペラ」は幻想なのです。

● 留学してもペラペラにはなれない

まず(1)の留学。日本で高校英語までの内容をしっかりと身につけて、日本の大学で英語の講義を理解できた人でも、実際にアメリカに行くと、これまで出会った日本在住の英語を母国語とする友達や先生が、ゆっくりとわかりやすい英語をしゃべってくれていた(!)

ことに気づきます。容赦なく早口でしゃべるルームメイトや大学教授から本物の英語のシャワーを浴びまくって、1年後、やっと慣れてきたところで帰国……というパターンが大半。

（2）の場合、帰国子女の方たちは、当然ながら、帰国した年齢によって、身につけた英語の語彙力や会話能力が異なります。多くの場合、帰国後に補習校に通ったり、家庭教師をつけて英作文を添削してもらったりと、英語力の維持と向上のために地味に努力をしています。しかも並行して日本語や他の教科を勉強する必要もあり、がんばらないと、どんどん忘れてしまうのです。

年齢や環境に応じて、使う言葉が変化するのは、日本語だって英語だって同じです。英語にも相手を敬う表現というものがあるので、学生時代のカジュアルな英会話だけでは、社会で通用する「英語ペラペラ」とは言えないのです。

（3）については、「残念ながら、そんな教室はない」と言わざるを得ません。6歳の子が6歳らしい受け答えをマスターすることはできても、17歳や30歳が使っている英語を流暢に使うことはできないのです。

● 結局、コツコツ貯金を増やすのが賢明!

 英語のスキルは、コツコツと地道に積み上げていくしかありません。 ある程度「英語貯金」がたまってきたら、ひたすらボキャブラリーを増やすことが必要です(ちなみに、英検1級合格に必要な語彙力は1万〜1万5000語、英語ネイティブの大人の語彙力は2万〜3万5000語)。

 小さなお子さんにとっては、概念的な言葉や子どもの生活圏外の単語は、日本語でも意味がつかみにくいですよね。「abstract =抽象的な」「transaction =取引」のように機械的に暗記させても、実際に使わないのであれば、後に再び覚え直すことに。

「英語ペラペラ」を目指す必要はありません。**今、お子さんに与えてあげたいのは、お子さんの年齢に応じた英語です。** 日本語の与え方と同じように考えるとわかりやすいですね。

＼ Point ／
子どもが「英語ペラペラ」にはならなくて当たり前

＼ 親トク ／
今度こそ「英語ペラペラ」の幻想を捨ててOK

Chapter 5

スキルを確実に伸ばすヒント

052

おうちでカンタン！
親子で身につく「1・2語英会話」

　おうちでの英語学習を行うにあたって、たびたび推奨されるのが、「お子さんに英語で話しかけましょう」ということ。でもこれ、普段から英語でコミュニケーションを取っていないママパパにとってはハードルが高い……ですよね。そこで、カンタンにおうちで試せる「英語の語りかけ」のコツをお伝えしましょう。

● 1・2語英語のすごい効能

　日本語であっても、お子さんへの語りかけにそもそも「命令形」が多いことにお気づきでしょうか？「〜しなさい！」「〜しちゃだめ！」と注意するときは、完全に「命令形」ですし、「着替えましょうね」などと優しくうながすのも、ソフトな「命令形」です。

　だから、「動詞＋単語」だけで、お子さんにたくさんの英語の語りかけができるのです。名づけて「1・2語英会話」——これならできそうですよね！

　たかが1・2語とあなどってはいけません。**ここで使える基本的な動詞に前置詞をつけることで、さらに意**

味が増えます。この段階でセットフレーズを覚えておけば、とっさのときに迷わない(試験にも出ます!)し、日常英会話に役立ちます。

● 絶対に使いたいフレーズはこれ!

何を差し置いても、ぜひ活用してほしいのが、次のフレーズ。

"Look! It's a 〜(見て! これは〜だよ)"

散歩をしながら鳥を指さして、"Look! It's a bird!"とお子さんに声をかけます。

"bird"を"giraffe(キリン)""ladybird(テントウムシ)"など他の(生き)ものに置きかえれば、無限に文章が作れますし、ものの名前を英語で覚えることもできます。お子さんがこのフレーズを真似するようになったら、"Yes, it's a **blue** bird.(そうね、青い鳥だね)"と、色などの形容詞を加えて発展させることもできます。

ちなみに……動詞ではないんですが、ボードゲームなどで遊んでいるときに、「次は僕の番だよ」って、英語でどう言うと思いますか? ぱっと浮かんできにくいのではないでしょうか。

答えはシンプル。

"My turn!" だけでいいんです。

「次はあなたの番だよ」は"Your turn"。お友達同士の遊びでよく使いますし、大人になってからも使う表現です。反射的に口から出てくると素敵ですよね。

巻末（P270～）に、日常的にお子さんと一緒に使える「1・2語英会話」をまとめてみました。これを上手に活用して、気楽にお子さんに語りかけてみてくださいね。

\ Point /

1・2語英語なら、
ママパパでもできる

\ 親トク /

ゲームの時間も
楽しくなる

053

とっさに英語で言いたい身近な「ものの名前」

　家の中には、身近な「ものの名前」を覚えるチャンスがあふれています。「ブランケット（blanket）」のようにカタカナで通じるものもありますが、とっさに「英語でなんて言うんだっけ……」と迷うものも、あるかもしれません。日常的に使うものを英語でも言えるように、少しずつ親子で覚えていくといいですね。日本語でも、「これ、なあに？」「これは、えんぴつだよ」のように、ものの名前を覚えていきますよね。同じように、

"What's this?"

"It's a 〜"

のようなやりとりをして、ものの名前（名詞）のストックを増やしていきましょう。

　巻末（P273〜）に、「とっさに英語で言いたい身近なものの名前」のリストを作りましたので、ぜひ参考にしてください。**コツは、生活にひもづけてものの名前を覚えること。**

● お料理の英語も楽しく学ぼう

意外と日本人になじみがなくて、学校でもあまり習わないのが「お料理まわりの単語」です。私自身、高校生のときにアメリカにホームステイに行くまで、「炒める」と「揚げる」の違いがよくわかりませんでした。

翻訳者になってから、お料理レシピが登場する小説や健康関連の本を訳すことがあり、改めて調べて確認したりしています。もっと早く知りたかった……と思います。お子さんに料理をする様子を見せながら、または一緒に台所に立ちながら、覚えておくとよいですね。

巻末（P282）に、お料理まわりの単語リストを作りました。特に「動詞」は、知らないと使えない（当たり前ですが）ので、この機会にぜひ覚えておきましょう。

●「英語でクッキング」で忍耐力もアップ

それからもう1つ、お子さんと一緒に「英語でクッキング」はいかがでしょうか？　カンタンにできるヨーグルトケーキのレシピも巻末（P279）であわせてご紹介します。

レシピは『フランスの子どもは夜泣きをしない』(集

英社）で紹介されていたものをベースに、スイーツ作家でカフェ「Baking Memories」のオーナーの益居かおりさんに日本で作りやすい分量にアレンジしていただきました。

　分量をはかる、材料を混ぜる、焼き上がるのを待つ、といった一連の作業は、お子さんの注意力や忍耐力を育むそうです。ついでに英語力も強化できれば、さらに有意義な時間になりますね！

\ Point /
家の中にあるものや
料理から楽しく学べる

\ 親トク /
一緒に調べたりすることで、
英語力アップ

054

「子ども英語図鑑」は「カタカナ付き」を使わない

　おうち英語を始めるなら、ぜひ活用してほしいのが「子ども英語図鑑」です。**CDと絵本に並ぶ、おうち英語の必須アイテム**と言ってもよいでしょう。

　CDでリスニング力をつけて、絵本で物語を読んでいくうちに、お子さんは自然と英単語を覚えていきます。それに加えて、「子ども英語図鑑」があれば、テーマごとに絵と言葉を一覧で見ることができるので、体系的に整理ができて、とても便利です。たとえるなら、床一面に散らばった色とりどりのおはじきやブロックを、色と形ごとに分けて、きちんと並べ直してくれるのが「子ども英語図鑑」なのです。

　最近は書店の児童書コーナーにも、様々なタイプの「子ども英語図鑑」が並んでいます。タッチペンで音が出るタイプのものや、ぶ厚くてたくさんの単語を網羅しているものなど、いろいろあって、どれを選べばよいかわからない……と思うかもしれません。「子ども英語図鑑」を選ぶコツは、たった1つです。

子ども図鑑を買うときの たった1つのルール

それは、「**カタカナ付きを買わない**」こと。絵とアルファベットだけが書いてあるものを選ぶのです。ここでも「英語オンリー」のルールを守ります。

なぜカタカナが書いてあるとよくないかというと、「先にカタカナを読んでしまうから」です。リンゴの絵の隣に"APPLE"の単語が書いてあり、「アップル」とカタカナがふってあると、リンゴの絵 →「アップル」→ "APPLE"の順番に認識します。カタカナが付いていれば、おそらく「りんご」と訳語が書いてあるので、さらにもう一過程増えます。

余計なプロセスをはぶいて、リンゴの絵 → "APPLE"と直結で覚えるほうが速いですよね。"APPLE"という文字を見ただけで「丸くて、赤くて、食べるとシャリシャリしていてあまずっぱい果物」を想像してほしいのです。

しかも"APPLE"の発音は「アップル」ではありません。「アップル」と言っても英語圏の人には通じませんので、必ず、いつか修正しなければならない。せっかく初めて英語に触れるときに"APPLE"を「アップル」と認識してしまうのはもったいないこと

なのです。

● 音声つきだと子どもが1人でも遊ぶ

それからもう1つ、忙しいママパパには、お子さんが1人でも遊んでくれるタイプのものがおススメです。絵のボタンを押すと音声が出たり、めくると文字が書いてあったり。できれば音声が連動するものがいいですね。

単語数の多さにはこだわらなくてOK。くり返し見ることが大切なので、お気に入りの本の1冊になってくれそうなものを選びましょう。

\ Point /
子ども英語図鑑は
「英語オンリー」
「語数少なめ」

\ 親トク /
親は教えなくてOK

055

実践！
子ども英語図鑑を「楽しむ」

「子ども英語図鑑はどんなふうに使えばいいの？」

特に決まりはありません。

小さなお子さんなら、親が横について開いて、イラストを指さして単語を読んであげてもいいですし、"What's this?（これなあに？）It's a 〜（これは〜だよ）" というやりとりや、"Let's look for 〜（〜を探してみよう）" と、ゲーム感覚で使っても。

子ども英語図鑑は、お子さんの「好き」を見つけることにも役立ちます。 気に入って何度も見ているページがあれば、そのテーマに関連した絵本を探してみるのもいいですね。

● オールカラーの楽しい辞書

うちの子の場合は、**3歳から8歳までの間、この1冊だけ**を使っていました。

『Longman Children's Picture Dictionary』（青い表紙）

トピック数が50、単語数が800ワード、CDが2

枚ついています。

　このCDがすぐれもので、単語を読み上げるだけではなく、単語をつなげてリズム感のある歌にしてくれているので、楽しく聞くことができます。単語だけではなく、"Where is the museum?（美術館はどこ？）"のような短文も入っているので、文法の基礎を耳で覚えることができます。

　オールカラーで、テーマごとに見開きに「隠れアイテム」がひそんでいるので、うちの子は熱心に探していました。

　このシリーズには、さらに小さなお子さん向けの『Longman Children's Picture Dictionary』（赤い表紙）もあります。こちらはテーマ数が26、単語数は270ワード、CDが1枚ついています。

　どちらか1冊を購入するなら、私のおススメは「青い」ほうです。なぜなら「赤い」ほうには「曜日」と「月」の単語がないからです。これらは英語学習者には避けて通れない、できれば早いうちに覚えたい単語ですし、英検5級に出題されるので、おさえておきたいところです。

　青いピクチャーディクショナリーは表紙がボロボロになるほどくり返し見ましたし、2枚のCDは、何百回も聞きました。この1冊で英検5級と4級の単語は

カバーできたので、英単語の本を買い足しませんでした。

🟢 リアルな写真でさらに興味が高まる

そして9歳の頃に買ったのが、こちらです。
『The Heinle Picture Dictionary』(National Geographic Learning)。
「ナショナルジオグラフィック」誌の写真が用いられたオールカラーのピクチャーディクショナリー。単語数4000ワード、テーマが細かく分かれ、写真やリアルなイラストがついています。音声CDは別売り。「薬局」や「米国政府」など、アメリカの生活に即した内容になっていて、楽しむというよりは参照にするという感じで時々ながめています。

＼ Point ／
楽しい写真つき・CDつき
図鑑は長く活用できる

＼ 親トク ／
ママパパも一緒に
単語力を強化

056

インターナショナルスクールや留学は目的をはっきりさせる

　以前、小さなお子さんをお持ちのママパパ向けに、子ども英語についての講演会を行ったのですが、そのときに複数の方から出た質問が「**子どもをインターナショナルスクールに入れるかどうか迷っていますが……**」というものでした。

　インターナショナルスクールは、日本に在住する外国籍の児童のための教育施設として設立され、発展してきました。現在では、両親ともに日本人であっても入学できるスクールや、日本の学習指導要領に配慮した教育を行う学校が増えているため、選択肢の1つとして考えるご家庭が増えています。

　実際にお子さんを行かせている数人の知人にたずねてみたところ、「両親ともに日本人で、子どもが帰国子女でなくても、次のような条件を満たすなら検討してもいいのではないか」という意見をいただきました。

- 日本の大学ではなく、海外の大学に進学する可能性が高い

- 家族で海外に引っ越す予定がある
- 経済的に余裕がある（１年間の学費が200万円〜250万円）

　そうでない方は、インターナショナルスクールに行かせることが、**将来的にお子さんの選択肢をかえって狭めることにならないかどうかを、よく検討したほうがよさそうです。**

● 留学は目的をはっきりさせて

　もう１つ、「**子どもを留学させる時期や、おススメの国はありますか？**」という質問もいただきました。

　体験的な親子留学や年少者の短期留学はのぞいて、留学には大きく分けて３種類あります。**高校留学、大学留学、語学留学**です。

- 高校留学は、現地の高校生と半年や１年間過ごす。生活、文化が身につく
- 大学留学は、大学の授業を受け、専門知識を身につける
- 語学留学は、現地の英語スクールで英語を学習する

高校生の留学先は、お子さんの一生を左右するほど

のインパクトを持ちます。そこで出会った人や物事、文化が、お子さんの将来の希望にダイレクトにつながることが多いです。お子さんの性格や好みを考慮したうえで、親子でよく話し合って慎重に選ぶのがいいと思います。

大学に留学すると、現地の大学生に交じって専門分野を学ぶことになります。課題やテストが厳しく、見聞を広げる（つまり遊ぶ）時間があまりありません。学ぶのは「英語」ではなく「専門分野」。卒業後のキャリアを視野に入れた留学ですね。

語学留学は、文字通り、英語を学びに行くこと。現地の語学学校か、大学のプログラムに入ります。つまり、お友達は現地の人よりも、各国から留学に来ている人が中心になりがち。**留学する時期によって目的や身につくものが違う**と覚えておいてください。

\ Point /
インターナショナルスクールへの進学や留学は、目的をはっきりさせて選ぶ

\ 親トク /
デメリットや予算にも目を向けておけば安心

057
社会人が使う英語は「まだ使えなくていい」

　英語は、早く始めて、それなりに習得できたとしても、**地道に続ける作業がずっと先まで続きます。理由は、年齢によって使う語彙や表現が変化するからです。**

　大学の先輩の例を挙げさせてください。高校までアメリカで過ごした帰国子女で、幼少期は日本で過ごしたため、ほぼ完全なバイリンガルなのですが、「大学を卒業して、ビジネスの場面で通訳をするときに、自分の英語が子どもっぽいことに気がついて、ビジネス英語を勉強しなおした」と話していました。また、日本語についても、漢字が苦手だったのと、敬語の使い方について、とても苦労したそうです。

● 敬語がない英語でも、目上の人との会話はむずかしい

　想像してください。高校生の話し方と商談のときの社会人の話し方は、日本語でも違いますよね？　たとえば、高校で1年留学して、友達と英語で流暢に話せるようになったとしても、カジュアルな口語表現だけ

では、ビジネスでは通用しない、**むしろ、発音がいい分、「マナーを知らない、無礼な人」というマイナスの印象を持たれてしまうことさえある**のです。

「でも、英語には、日本語のような敬語がないのでは？上司のことをファーストネームで呼ぶんでしょ……」と首をひねる方も多いと思います。あるんです。英語にもフォーマルな単語やていねいな言い回しがあり、**友だち同士の会話、目上の人との会話、ビジネスでの会話の言葉の使い分けがあります。**手紙も同様です。ビジネス文書では質問を"question"ではなく"inquiry"と書きます。動詞では"ask"よりも"inquire"を使ったほうがていねいです。「手紙に同封した書類」は"enclosure"。

「いいえ、お断りします」と伝えるとき、"No, I can't do that!（ええ、私にはできません！）"と言うのは、感情的でダイレクトすぎるのでNGです。"Unfortunately, I can't accept that offer.（残念ながら、そのお申し出は受けることができません）"などと丁重に断るのが通例です。**相手の立場や気持ちを思いやりながら、自己主張することが求められる**のは、日本語と同様なのです。

● 子どもにビジネス英語は不要と割り切る

　こういった言い回しは、子どもは立場上、使う機会がありませんし、ふさわしい年齢になってから、シーンに応じて身につけるしかないのです。**だから逆に、今使えなくても大丈夫です！　8歳には8歳相応の英語力があれば、じゅうぶんすぎるぐらいなのです。**

＼ Point ／
子どもの英語は子どもらしく。ビジネス英語は後からでいい

＼ 親トク ／
「完璧な英語」へのプレッシャーから解放

058

親は成果を求めない。でも成果が気になる……だったら「英検」を受けてみよう

おうち英語をある程度続けて、お子さんが、なんとなく英語がわかってきた様子が見て取れたら、親としては**「うちの子、英語がどれぐらい身についているの?」と知りたくなるもの**です。

そんなときは、英語の資格テストを受けてみるのもいいでしょう。英語力を測る目安になります。子ども向けの英語の資格試験には、たとえば次のようなものがあります。

- 英検 Jr／JAPEC 児童英検／ヤングラーナーズ英語検定／TOEFL Primary／TOEIC Bridge／国連英検ジュニアテスト／JET ジュニアイングリッシュテスト……などなど

たくさんありますね！ 日本発、米国発、英国発のように、テストを開発した国が違ったり、レベル分けや評価の仕方が異なりますので、目的に応じて、お子さんに受けさせてみたいテストを選んであげるのがよ

いですね。

● 英検をおススメする理由

「どれを受けていいのかわからない」「今のところ日本の学校で教育を受ける予定」「資格取得に労力とコストをあまりかけたくない（効率よく資格を取りたい）」という場合は、いきなり「英検（実用技能英語検定）」を受けるのがおススメです。理由は3つ。

1つめは、「英検」なら、ママパパにもなじみがあり、これを受験することで、お子さんの英語力を把握しやすいから。

2つめは、「合格」「不合格」というシンプルな判定なので、具体的な目標が立てやすいから。

3つめは、英検を持っていると、中学入試・高校入試・大学入試で優遇されやすいから。

ちなみに英検のジュニア版である「英検Jr.」は、リスニングが主体のテストのため、未就学のお子さんにも受けやすくなっています。合否は出ません。

● 不合格でも親子でがっかりしない

ただし、英検を初めて受ける前に、「わが子の準備ができてるかな」をチェックしましょう。

英検は、ある程度学習が進んだお子さんが受けるテ

ストです。保護者は、受験番号や名前の記入を手伝うことはできますが、試験が始まると教室から出て待機。お子さんは1人で机の前に座って、マークシートに自力で答えを記入しなければなりません。

小学生になり、エンピツと消しゴムが上手に使えるようになってから、チャレンジするのが、無理がないでしょう。5級の試験時間は約45分なので、小学校の授業のひとコマ分と考えると、イメージがわきやすいです。また「合格」「不合格」というはっきりした判定が出ますので、**親子共に冷静に受け止める心の準備も必要です。**くれぐれも「落ちた」「受からなかった」と親ががっかりしすぎることのないように急ぎすぎない、焦らないがポイントです。

英検5級から順番に受けて、英検のための勉強を重ねていけば、知らず知らずのうちに英語力が身についていきます。中学入試では「4級」または「3級」で加点などの優遇がある学校が多いので、中学受験をお考えでしたら、調べてみるといいでしょう。

\ Point /
資格を取るなら「英検」。
5級から始めよう

\ 親トク /
無理して急いで
受ける必要はなし

059

「5・4級」の受験対策は「過去問」だけでいい

　おうち英語を続けて英語の音と文字に慣れてきて、英検を受けてみよう！　と決めたら、まずはお子さんが**「数字」「曜日と日時」「月」「時刻」「色」の単語を、なんとなく読めて意味がわかるかをチェック**しましょう。これらは5・4級に多く出題され、カンで答えるのがむずかしいため、正確に覚える必要があります。ただし5級と4級はマークシートをぬりつぶす問題のみなので、**単語を「聞いて」「見て」意味が取れればOK**です。

　シンプルな会話文を「聞いて」「見て」だいたい意味が取れていれば、5級を受ける準備を始めてOKです！　筆記25分、リスニング約20分です。

　筆記問題は3種類。①空欄に入れる単語を1つ選ぶ　②会話文の答えを1つ選ぶ　③単語を並べ替えて英文を完成させる　です。リスニングは、第1部、第2部、第3部に分かれていて、それぞれ正しい回答を選択肢から選びます。

いきなり過去問を解いてみる

5級の対策としては、**いきなり過去問を解いてみる**ことをおススメします。なぜかというと、これまで「英語」を「英語」で理解する、という方法でおうち英語を積み上げてきたお子さんであれば、日本語の解説がついた対策本を使って文法を勉強することが、かえって遠回りになるからです。

親は、隣でお子さんが問題を解くペースを見守りましょう。さらさらと、感覚的に答えを選んでいるようなら、続けてOK。そうでない（問題文が読めていない／理解できていない）場合は、もう少し受験を先送りしてもいいかもしれません。

答え合わせをして、間違った問題については、英文を音読してもらいましょう。選択肢もすべて音読です。 音読して正解がわかる問題はOK。正解がわからない問題は、**わかっていないのが「単語」なのか「文章の構造」なのかをチェック**します。

「単語」の場合は、ふせんカルタ（62・63の項）を作って覚えます。「文章の構造」なら、正解の文章を何度も音読して、感覚をつかみます。

リスニングは、問題形式に慣れるのが大事。できれば親が一緒に聞いて、指をさしたり声かけをしたりし

て、誘導しましょう。

大事なのは問題に慣れること

　過去問に取り組むときは、順番に解くのではなく、大問ごとに解いて問題のパターンに慣れるというやり方でもOKです。私が使ったのは、『英検5級　過去6回　全問題集』(旺文社)です。6回分が終わったら、時間を置いてからふたたび1回から6回まで解きます。できればもう一度。英検は出題パターンが決まっているので、問題に慣れることが何よりも大事です。

　合格ラインは「6割正解」です（満点じゃなくていいんです！）。英検のホームページ内の「英検 for Kids!」に、「英検デビューできるかな？　チェックシート」や準備のコツなど、役に立つ情報がありますので、参考にしてください。5級に見事合格して4級に進む際も、同じように過去問をくり返すのが早道です。

＼ Point ／
英検を受ける前に、
準備できているかチェック！

＼ 親トク ／
準備ができていれば
過去問だけをくり返せば
OK

060

「3級」からは「ライティング問題」に力を入れる

　英検3級は、5・4級からぐんとハードルが上がります。難易度は「中学卒業程度」で、必要な単語数は2000語程度。そして何よりも「ライティング問題」が入ってくるのが大きな難関です。

　問題数はリーディング30問、リスニング30問、ライティングが2問。2024年度よりリニューアルされ、一次試験の時間が50分から65分に延びました。ライティングでは「意見論述」に加え、「Eメール」問題が出ます。

　たった2問の配点が大きいため、4級までをスムースに合格してきたお子さんが、**3級受験にあたって最も力を入れるべきなのは「ライティング問題」です。**ご存じのように英検は満点を取る必要がありません。でも、一次試験合格の正答率は67%なので、ライティングを落とすと残念な結果になるのは確実なのです。

　もう1つ、3級から「二次試験」が始まります。面接者との対面式で行われ、①音読　②音読したパッセージについての質問　③イラストについての質問

④受験者についての質問　の４つが採点対象となります。

● 正しく書くを意識する

５級・４級はマークシート形式なので、耳で聞けて英文が読めればいいのですが、３級は「英文を正しく書く」ことが求められます。**ライティングの勉強は、自分の意見を述べるという点で、二次の面接試験の準備にもつながります**ので、しっかりと時間をかけたいところです。

ライティングの「意見論述」では、質問に対する回答を正しい英文で書かなければなりません。語数の目安は 25 〜 35 語。自分の考えとその理由を２つ述べることが求められます。質問は身近なテーマが多く、たとえば "Which is your favorite season?（あなたが一番好きな季節は？）" といったことが問われます。「Ｅメール」では、メールに対する適切な返事を英作文することが求められます。

● ライティングの準備もやっぱり過去問

ライティングの準備としては、**やはり過去問を解くのが一番の近道**です。解答例をしっかり書き写して、書けない単語を把握し、練習する、という地道な努力

が求められます。

　英検3級からは、英単語の本を購入して、語彙力を積極的に増やしていくことをおススメします。お勉強っぽい作業が増えますので、**ここで英語が嫌いにならないようにしたいもの。**わが子に英検を受けさせるとなると、親は熱心になりがちですが、急いで上の級を目指さなくてもいいんです。お子さんの様子を見ながら、無理のない範囲でチャレンジすることをおススメします。

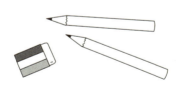

＼ Point ／
ライティング準備しつつ、英語嫌いにさせないことを最優先に

＼ 親トク ／
二次試験の準備にもつながると知っておく

061

英単語を覚えるコツは漢字と同じ！ 最初に正確に覚える

先ほど、英単語を正確につづる練習は、小学生になってからでじゅうぶんだとお話しました。これには理由が2つあります。

1つめは、**最初に正確に覚えないと、後から修正するのが大変だから。**

2つめは、**小学生になると、学校で「漢字の練習」が始まり、文字を正しく書く訓練を学ぶために、子どもが取り組みやすくなるからです。**

漢字の練習では、教室で先生が黒板に大きく文字を書き、しっかりと書き順を紹介します。宿題が出て、家でも同じ文字を、正しい書き順でくり返し書いて覚えます。「とめ」「はね」「はらい」はもちろん、書き順は、「だいたいでいいや」と思ったら大間違いです。テストでは「とめ」「はね」「はらい」が正しくないとバツになりますし、書き順は守ったほうが美しい字が早く書けます。また、「漢検（日本漢字能力検定）」では書き順の問題が出題されます。いったん間違って覚えてしまうと、大人になってから直すのは至難の業。

英単語のつづりも同様に、最初が肝心です。アルファベットを正しく書けていないと、テストで減点対象になりますし、英単語のつづりは、最初に正確に覚えておかないと、後から覚え直すのはかなり大変です。だから、**漢字も英単語も、最初に時間をかけてていねいに練習する**のが大正解なのです。

　①英単語を見て意味が取れる　②英単語を発音できる　までは、感覚的にざっくり行ってOKですが、③**英単語を正確につづる は、親などの大人が横で見守って、正しい手順で書かせる練習をするのがおススメです。**ついでにエンピツの持ち方もチェック。**親自身が当然のようにできていることは、意外と見逃しがちなので、要注意です。**

● 英単語を書くときに注意するポイント

　英単語を書くときは、まず、1つ1つの**アルファベットがきちんと書けているかをチェック**。最近は筆記体を学校で習わないので、ブロック体だけきれいに書ければOK。特に気を付けたいのが、以下のアルファベットです。

- 「h」と「n」　→　hはタテをしっかり長く
- 「i」と「l」　→　iは上の点をはっきり書き、lは長

く伸ばす
- 「b」と「h」→ bは下の部分を丸めてくっつけ、hは下の部分を完全に離す
- 「r」は右側にしっかりと曲げる。でも「n」ほどまでは下へ伸ばさない
- 「v」と「u」→ vは下をしっかりとがらせる
- 「a」「o」「u」をはっきりと書き分ける。特に「o」は0.1ミリのすき間も残さず完全にくっつけた円にする

お子さんによって、苦手な文字には違いがありますので、最初は隣に座って、よーく観察してみましょう。**最初にきちんと練習**すると、一生使えますよ。

＼ Point ／
「書く」は最初が肝心！
ていねいに見守る

＼ 親トク ／
漢字も英単語もきれいに
書けると、試験にも有利

062

単語を楽しく覚えるには……「ふせんカルタ」を作る

英検3級の準備をするときに、子どものために初めて「英単語の本」を買いました。3級のレベルは「中学卒業程度」、必要単語数は「約2000語」。小学生にとって身近ではない単語も出てくるので、単語をまとめて確認できる本を使ったほうが安心だと思ったのです。選んだのは、英検受験生の大多数が使っている旺文社の『英検3級でる順パス単』です。はて、どうやってこれを覚えるか。

私が思いついたのが、「ふせんカルタ」です。**やり方はカンタンで、ふせんにマジックペンで単語を書いていく、それだけです**。順を追って説明させてください。

英単語の覚え方

- 「パス単」の右側の訳語を1つだけ選んで、エンピツで丸をつける。**訳語は1つのほうが覚えやすいから、絞り込んでおく**。最も使いそうな訳語を直観的に選んでOK。お子さんが使いやすい言葉の範囲で（たとえば「相殺する」「埋め合わせる」なら「埋め

合わせる」を選ぶ)。見開き（2ページ）ごとに進める
- 見開きページを上から順番に、英単語 → 訳語の順番に、指でなぞりながら発音する。3回ずつ
- 訳語を隠して（付属の赤セルシートは使わない。理由は、赤字以外の日本語が読めてしまうから。折った紙や厚紙を使って、下を完全に見えないようにする）、英単語の意味が言えない単語に印をつける
- 翌日ふたたびチェックして、まだ意味が言えない単語があれば、「ふせんカルタ」を作る。20個ぐらいたまったところでまとめて作ってもOK

ふせんカルタの作り方

- ふせんは、5×7.5cmぐらいの横長のタイプが使いやすい。ふせんを、糊の部分を左側にもってきて、表（おもて）に太めのペンで大きく英単語を書き、はがさずに、右下をめくって親指があたるぐらいの位置に、

ボールペンかエンピツ(裏うつりがしないように)で、小さく訳語を書く
- 書き終わったら、ふせんをはがさずに、2枚目に同じように書く。覚えていない単語をすべて書き終わったら、まとめてふせんをはがす

＼Point／
ふせんカルタで単語を効率よく覚えられる

＼親トク／
単語の暗記をちょっと楽しく見守れる

063

ふせんカルタはトランプ感覚で楽しく「使う」

　ふせんカルタの使い方は自由ですが、私が実践した2つの例を挙げておきます。

（1）洗面所の鏡に貼る

　1日に必ず数回見ることになります。左側から縦に4枚ぐらい並べて、右側へと貼ります。20枚ぐらいをマックスに。

　歯みがきのついでに、「seek・さがす」などと、発音しながら覚えます。言えなかったら、鏡に貼ったまま右下をめくって（訳語を裏側の右下に小さく書くのはそのためです）正解をチェック。覚えたらはがす。ふせんが減っていくので、成果がわかります。

　はがしたら新しいものを追加。はがしたふせんは、まとめておいて次の（2）のカルタにして再チェックしてもOK。その場合、忘れていたら（1）に戻して覚え直します。

（2）床やテーブルの上にカルタのように並べて、わ

かる単語から発音しながら、カルタのように取る

取れたふせんは下に重ね、取れなかったふせんが上に来るようにすれば、次回使うときに重点的にチェックしやすくなります。

● お勉強感を出さずに遊び感覚で

表(おもて)は、英単語だけを書いたほうが、意識が分散しなくてよいのですが、**発音に迷いそうな単語については、小さく「発音記号とアクセント」を書き入れます。理由は、発音は初期段階で間違って覚えたくないポイントだから。**発音記号の読み書きがむずかしければ、**アクセントだけ記入すればOK。**発音は、ダウンロードできる音声で確認しましょう。

ふせんは、1回全部クリアしても、さらに時間を置いて2周か3周します。2回目以降は、表に小さく「例文」（例：He seeks employment.）を書き込んで「アップグレード」させてもよいでしょう。

大切なのは、お勉強感をなるべく少なくして、楽しく取り組むこと。ふせんは貼ってはがせて、バラバラにならないので、ストレスなく使えて便利ですよ。

著者が実際に使ったふせんカルタ

\ Point /
ゲーム感覚でやれば、親も子もストレスが少ない

\ 親トク /
ふせんなら散らからないし、順番が自由自在に変えられる

064

「むずかしい単語」の カンタンな覚え方

　小学生のうちに英検の上の級を受けるときに、どうしても欠かせないのが「単語力の強化」です。でも、問題が1つあります。小学生の生活圏では、あまり使わない……そんな単語が増えてくるのです。

　普段なじみのない単語を覚えるコツは、「例文を音読すること」です。

　"impress＝（受身形で）感心する"と単語単位で覚えるのではなく、"be impressed with his essay（彼の論文に感心する）"と、例文を音読して、言葉の使い方を頭に入れていくのです。

　面倒だし手間がかかりますが、英単語は漢字と同じで「最初が肝心」です。日本語でもなじみがない言葉については、単語だけ丸暗記しても、いつか必ず忘れてしまいますし、使えなければもったいないですよね。

　正確につづる練習は時間がかかるので、後回しにして、まずは単語を見て意味が取れればOKです。

● 前置詞をセットで覚えると一生使える

"stare＝じっと見つめる"と機械的に覚えるのではなく、"don't stare at the sun（太陽を見つめてはいけない）"と、例文を音読します。"impressed with" "stare at"と、**前置詞をセットで覚えておくと、一生使えます。**

ちなみに、旺文社の『でる順パス単』は2級までは、**3～5語程度の短い用例**が載っているので、これをまるごと頭に入れるようにすれば、完璧です。イメージしにくい言葉は、ママパパが日本語で解説してあげると理解しやすいかもしれません。

● 発音とアクセントもセットで音読

準1級からは本の構成が変わって、見開きの左側に単語、右側に2行ほどの例文が載っています。これらの例文は、すべてを覚えるには長いので、音読して全体の意味が取れたらOKとします。

幼いうちにむずかしめの英単語を覚えるときは、将来使えるようになるための「仕込み」を忘れないようにしましょう。 発音とアクセントも必ずセットで。そのために「音読」を必ず行うようにしたいものです。

> Point
>
> むずかしめの単語は「例文を音読」で身につく

> 親トク
>
> 子どもと一緒に単語をおさらい＆ボキャブラリー強化

065

「細くても継続」が語学に効く

おうち英語を始めたら、毎日コツコツ継続したいところ。忙しくてもわずかな時間でもよいので、英語を「聞く」「読む」の感覚をキープすることが大切です。**よくあるのが、「中学受験のために学習塾に通い始めたので、英語はいったんお休みします」というパターン。**確かに、週3や週4で塾に通い、宿題をこなし、土日も特訓や模試があって忙しくなり、英語の時間が削られがちに。

でも、ちょっともったいない……とも思います。中学受験の準備をする年齢である**10歳〜12歳は、学力がぐんと伸びる時期でもあると同時に、外国語を母国語として習得できる最後のチャンスの時期**でもあるからです。

● 中学受験の勉強中も スキマ時間で継続を

その点、おうち英語ならスキマ時間を使うことができます。塾に通い始めることで、机の前に一定時間座っ

て勉強する習慣が身につくのであれば、そのうち5分や10分を、英語を忘れないための時間に充てて、英単語を覚えたり物語を読んだりできたら素晴らしいと思います。完全に「ゼロ」にせずに、今まで「10」だったのを「1」にしてもいいので、細くつなげていきたいところです。無理のない範囲で。毎日続けるコツは2つです。

（1）「時間を決める」
　例：朝食前の10分だけ、宿題が終わって休憩する前の5分だけ英語タイムに。食事の時間や寝る前に朗読CDを聞くのを習慣に。38の項で書いた「時間枠」を固めておくとやりやすいです。

（2）「目標を決める」
　例：1週間に単語を30個覚える。毎日児童書を3ページずつ読む。短い物語を暗唱する。脳トレのつもりで、気分転換を兼ねて取り組めたらいいですね。

楽しい息抜きのつもりで続けよう

　英語学習が、試験に役立つことも大いにあります。たとえば英検に出題される長文問題のテーマは、**時事問題や歴史、自然環境、IT など、旬の話題が多いので、**

英検の勉強で読んだ情報が試験問題を解くときのヒントになるかもしれませんし、英語の長文を読むことが、日本語での「読解力」と「思考力」に役立つのは言うまでもありません。また、英語の文章は、**「先に結論」＋「具体的な説明」＋「最後にもう一度結論」というサンドイッチ方式の組み立て**になっています。これは記述型の試験に求められる作文テクニックですので、慣れておいて損はありません。英単語を覚えるときに、**訳語の漢字をきっちり書く練習をする**のもいいですね。

　理由は後づけでいいんです（笑）。好きな映画を字幕オフで見るとか、洋楽を聞いて歌詞を書いてみるとか、とにかく、英語に触れる時間が「楽しい息抜き」になれば！

　中学以降も、英語が得意でいてくれますように……という願いもこめて、5分でもいいので、英語と触れ合えたら素敵ですね。

＼ Point ／
英語を「ゼロ」にしない。
1日5分でも続けよう

＼ 親トク ／
せっかく身につけた
英語力をキープして
中学以降に活かす

066

小学生の英検2級は、完璧じゃない

　息子が10歳で英検2級に合格した……！　といっても、正直私は「**うちの子に高校卒業程度の英語力が本当にあるのかな？**」と疑問に思いました。

　英検2級では「社会生活に必要な英語を理解し、また使用できる」ことが求められます。必要な単語数は約5000語で、読解に関しては医療やテクノロジー、歴史、ビジネスなど幅広い分野から出題されます。リスニングは会話文に関する質問と60語ほどの文章の内容についての質問。そしてライティングでは、社会性のある話題についての80語〜100語の英作文を書かなければなりません（2024年度より、英文要約問題が追加されました）。

　英検2級の問題集を開いたとき、最初に目に入った長文読解の例題が「アルツハイマーの薬」についての話題だったので、私のほうがくじけそうになりました。息子が正解しているので、「アルツハイマーって知ってる？」と聞いてみると「知らない」とのこと。**前後の文脈から意味は取れたようですが、内容を理解できて**

いるとは言えない……そう思いました。動物や歴史など、テーマによっては、きちんと理解して解いているものもありました。

● ライティング試験では
　　人生経験の浅さが！

　ライティング試験では、英語で書かれたトピックについての自分の意見とその理由を2つ書くのですが、人生経験が少ない分、どうしても内容が浅く単純になってしまいます。

　たとえば「現在、書店の数が減少しています。あなたは書店が将来なくなってしまうと思いますか？」との出題。余談ですが、本の売り上げが生活にダイレクトに響く翻訳者にとっては、痛い問いかけです（笑）。

　この例題について、一緒に考えてみたのですが、息子はこれまでの短い人生のなかで、書店が減っていることを意識したことがありません。「ええと、減っているんだから、いつかなくなるよね？　そう書いていい？」と即決しようとするので、私が「ちょっと待って（泣）。もっとゆっくり考えてみようよ。書店で本を探すのも楽しいよね？　どんなところが好き？」と引き留めて、「なくならない」という意見に誘導してしまいました……。

出題の「意図」を読み取って、自分の意見を書くためには、「知識」と「経験」が必要であり、やはり小学生には限界があると実感しました。高校生になったら、再び2級の問題集を解かせてみようと思います。

● 準2級と2級の間の「リスニングの壁」とは

リスニング問題は身近で生活に即したトピックからの出題なので、意味さえ取れれば小学生にも取り組みやすい内容です。ただし、英検準2級と英検2級の間には「リスニングの壁」があり、**2級では音声が1回しか流れません。**

ちなみに、先ほども書いたようにライティングの配点が非常に高いので、書くことが得意なお子さんは、チャレンジしてみてもいいのではないでしょうか。

＼ Point ／
英検2級は、小学生にはむずかしい思考力も問われる

＼ 親トク ／
だから上の級の取得を焦らなくてもOK

067

読解は「音読」と「呼吸」で読み解く

英語学習が進んでくると、少し長めの文章を読むことが増えてきます。お子さんが意味を取るのにちょっと手間取ることもあるでしょう。そんなときであっても、まずは「親は教えない」でOKです。ではどうするかというと……。

「声に出して読んでみて」と、お子さんに音読してもらうのです。

声に出して読むことで、ハッと気づいて、急に意味が取れることが多いです。**ここまでのおうち英語で「リスニング力」を積み上げてきたので、耳から英語を理解するという訓練がいつのまにかできているからです。**

文法の穴埋め問題でも同様です。

声に出して読んでみることで、違和感のある単語を消去していくことができ、正解にたどりつける確率が高くなります。

● 読解で大切な「区切り」を見つける方法

長い文章を読むときは、「区切り」を見つけること

が非常に大切です。音読してもらうと、文章の「区切り」が理解できているかがわかります。

では、どこで区切ればいいのか。

長文を読むときの鉄板テクニックは、「息つぎ」できる箇所を探すことです。

最もわかりやすいのが「, (カンマ)」です。

「, (カンマ)」は「、(読点)」だと思いましょう。ここでひと息ついて、次の文章を読む、というように読み進めれば、間違いありません。

私は、1文が非常に長い文章を訳すときもあります。専門家や研究者が書いた本では、研究結果や考察などの情報がたくさん詰め込まれた長文が、1ページの3分の1にわたるということも。**でも、ここでくじけることはありません。どんな長い文章でも、人間が呼吸をしながら読めるようになっているのです。**落ちついて「読点」を探し、「息つぎ」しながら音読すると、その文章の持つリズムと意味がつかめてくるものです。

● 最後に「結論」がある

もう1つの読解テクニックとして、**英語の文章は、「最後に大切な要点を書く」という特徴があることを覚えておきましょう。**前半が非常に長い、頭でっかちな文章が多いです。たとえば、あえて日本語で書くと、

こんな感じです。
「世界中の子どもに今求められていて、あなたも今すぐお子さんに教えてほしいこと、それは判断力だ」。

いかがでしょうか。そして、23の項に書いた「英語は聞こえた順／書かれた順に理解するのが大切」というポイントが、ここでも生きてきます。長い文章であればあるほど、頭から理解することが重要になります。お子さんが中学生・高校生になって、長文読解の試験に取り組むときにも、このシンプルな原則をぜひ覚えていてくださいね。

また、おうち英語で意識しなくてOKですが、ゆくゆく英語の構造をきちんと理解する上で「5文型」と「文法」は必須です。お子さんもいつかこれを学校で習います。そのときは「文法なんて不要！」といったミスリードをすることなく、「大切だからしっかり学ぼうね」と前向きな声かけをしてくださいね。

\ Point /
長文は「困ったら音読！」を
キーワードに、呼吸しながら
読んでみる

\ 親トク /
ここでも教えないで
音読させるだけでOK

068

「動詞」を探せば、
英語が読める・話せる・書ける!

英語の文章を読むときのもう1つのコツは、「動詞を探すこと」。

主語も目的語も大切ですが、**何を差し置いても動詞を見つけましょう。**動詞は文章の「心臓」です。**文章は、動詞を中心に組み立てられているため、動詞をつかむことが、その文章をつかむことになるのです。**

私は翻訳をするときに、エンピツを持って「なぞって読む」、と先にお話ししました。なぞりながら、動詞を見つけたら、エンピツで□(四角)く囲みます。これでひと安心です。他の印には○や下線を使いますが、動詞だけは別格扱いで□で囲んでいます。

加えて、前置詞とキーワードを○(丸)で囲み、呼吸の区切りに/(スラッシュ)を入れます。このように印をつけておくと、文章の構造が一目でわかるので、正確に訳せますし、あとで見直すときにも便利なのです。

● よくわからない単語にも印をつける

 お子さんが「なぞって読む」(42の項) ことに慣れてきたら、エンピツを持たせて、「大切そうな言葉やよくわからない単語」に印をつけてもらいましょう。この作業が、英文をていねいに読み解くための下準備になります。
「品詞」や「構文」について詳しく教える必要はありません。**おうち英語の最優先は、英語を英語のまま理解して、楽しんで読むことです。**

 お子さんが英文を読むことに慣れてきたら、一緒に本を見ながら、ママパパが**「動作をあらわす言葉だから、これは『動詞』だね」**と声かけをしてもいいでしょう。そのとき、エンピツで□に(もちろん○でも波線でもOK)囲ってあげると、お子さんもイメージを持ちやすくなります。

● この「クセ」をつけておけば、将来長文読解で必ず役立つ

 英文を読むときに印をつける癖をつけておくことは、将来、長文を読み解くときに非常に役立ちます。67の項で書いたように、英文は、最後に要点を持ってくるという特徴がありますので、前置きが多い(頭でっか

ちな）文章が多いです。これを読み解くためにも、**「動詞」を見つける**ことが重要なのです。

知っている / 使える「動詞」のストックを増やすと、英文を読むスキルだけではなく、英作文や英会話のスキルもアップします。動詞は、文章を組み立てるときの中心的存在なので、「書く」「話す」ときに、まず動詞をイメージすると、そこから枝葉を広げるように言葉が出てきやすくなります。

A person (who) won't read has no advantage / over one / who can't read.

\ Point /

英文は「動詞」を見つけて
印をつけながら読む

\ 親トク /

エンピツ1本あれば、本が
英文読解のテキストに

069

「好きなストーリー」を暗唱してみる

　長い英文が読めるようになってきたら、好きなストーリーを「そっくり暗記」してみるのはいかがでしょうか？　絵本を1冊でも、児童書の1章まるごとでも、短編ストーリーの1篇でも、全部頭に入れて、暗唱にチャレンジするのです。

　声に出すときは、感情をこめたり、身振り手振りをつけたり、「人にストーリーを伝える」という気持ちで行います。完成したら、おうち発表会のような場を設けて、ママパパが観客として見守ってください。感動して泣けますよ〜！

● まるごと覚えると自信になる

　手順は自由ですが、次の3ステップを基本にすると、やりやすいです。

（1）お子さんが気に入っていて、CDのくり返しリスニングなどで音声に耳慣れしている作品をチョイス

（2）本を持って音読してから、1文だけ本を見ずに読む。次は覚えた1文＋次の文、その次は2文＋次の文、と少しずつ暗記する分量を増やす

（3）寝る前に今日覚えた分を復習して、翌日は、昨日の文を思い出してから、今日の暗記に取りかかる。これをくり返して、最後まで覚える

少しずつ覚えていくお子さんを見守りながら、親は「プロセスを褒める」ことを忘れずに。 スタンフォード大学のキャロル・ドウェック博士の有名な研究から、「才能や結果を褒める」のではなく「努力や挑戦を褒める」ほうが、子どもの意欲が上がることがわかっています。

1冊まるごと覚えた！　という自信になりますし、「英語を使った一芸（！）」にもなります。将来英語でスピーチやプレゼンテーションを行うときの下地にもなります。

● 怖い話が好きなら怪談でもいい

うちの子は「怖い話」が好きなので、小泉八雲の「むじな」を暗唱しました。きっかけは、通訳案内士で英会話講師でもある友人Eさんに勧められたこと。コロナ休校期間限定で、オンラインで英会話レッスンを

してもらった際に、日本の妖怪や怖い話をたくさん英語で紹介してもらいつつ、「好きな物語を暗唱する」という課題をもらいました。数回に分けて覚えた400ワード超の「むじな」のお話を、パソコンの画面越しに一生懸命Eさんに伝える息子。Eさんからも、ママからも、がんばったことをたくさん褒めてもらい、ずいぶん自信になったようでした。

ちなみにEさんは、学生時代に英語スピーチコンテストで全国1位に輝いた経歴を持ち、ネイティブのような流暢な英語を話します。そんな彼女の英語学習法は、「ひたすら覚えて」「デリバリー（表現を工夫し）」「人前で話す」の3つをくり返すこと。覚えたことが「自分のもの」となり、実際の場で自然と使えるようになるのだそうです。やはり英語は「努力」が大切なんですね。

＼ Point ／
ストーリーの「暗唱」で
一生使えるスキルの
下地ができる

＼ 親トク ／
お子さんの観客になって、
感動できる

Chapter 6

英語を将来につなげるルール

070

仕事では「社会性」と「日本語でのコミュニケーション力」が第一

「子どもに、グローバルに活躍する人材として世界に羽ばたいてほしい」。そんな願いを持つママパパは多いことでしょう。

「英語ができないと、これからの世界では戦っていけない！」とご心配の親御さんもいらっしゃるのではないでしょうか。

でも、英語を日常的に使わない専門職も、実はけっこうあります。弁護士、医者、税理士などは、日常的に英語を使いません。もちろん、英語ができることで、国際弁護士になったり、外国人の患者を受け入れることができたり、米国公認会計士の資格を取って、さらに仕事の幅を広げたりすることができます。英語が「魔法の杖」になって、さらに仕事が飛躍するのですね。

● 日本語の読解力が すべてのベースになる

また、ある大手出版社の編集者さんから、興味深い話をお聞きしました。その方は、翻訳部門の人事も担

当していますが、「英語が得意なことは採用にあまり関係がない」とおっしゃったのです。では、何が求められるのかというと**「コミュニケーション能力と社会性が秀でている人を採用する」**と。編集者は、作家・翻訳者をはじめ、デザイナーや印刷業者など、様々な職種の人の声を聞き、上手にコミュニケーションを取りながら、1冊の本を作っていくのが仕事です。そんな現場では、「英語力」よりも「社会性」に優れた人材が求められるのです。

まずは日本語の読解力を育み、コミュニケーション能力を高めることが大切です。学校のテストに必要なのは、まずは日本語の読解力です。インターナショナルな環境で育ったお子さんが、帰国して「文章題の質問の意味がわからなくて問題が解けない」という話をよく聞きます。

● 海外で活躍する日本人も、日本での土壌を持っている

日本の学校を卒業してから海外にわたり、専門職で活躍している方は大勢います。**日本で育ち、学んだ、という土壌**があるからこそ、専門分野を生かした活躍ができているという結果があるはずです。

日本で生まれ育ったメイクアップアーティストのカ

ズ・ヒロ(辻一弘、現在は米国籍)は、日本でメイクのキャリアを築いた後に20代で単身渡米して特殊メイクを学び、アカデミー賞のメイクアップ・スタイリング賞を2度も受賞しています。

「こんまりメソッド」が大人気の近藤麻理恵さんは、渡米して大ブレイク。「片づける」ことが"KonMari-ing"という表現になってしまったほど、アメリカでポピュラーな存在になっています。彼女のモノとのていねいな向き合い方は、「和の心」を伝えてくれているようにも感じます。

おうち英語では、お子さんが将来どんな職業をめざすかにかかわらず、今、お子さんが好きなことを大切にしながら、英語の下地づくりをするのが目標です。くり返しますが「リスニングが9割」。それと同じぐらい大切なのが、お子さんをしっかり観察することです。

＼ Point ／

大切なのは英語よりもまず「社会性」と「専門性」

＼ 親トク ／

焦らないでOK。
今できるのは、
英語の下地づくりだけ

071

「子育て全般のルール」は「英語学習」にもそのまま当てはまる

ここまで様々なことを書いてきましたが、もう一度基本に戻って、お子さんの幸せのために英語を得意にしてあげたい、という親の願いについて考えてみたいと思います。**子育てとおうちでの英語学習には、実は共通点があります。**子育てにおいても、おうち英語を続けるためにも、次の3つのことが非常に大切なのです。

● 将来につながるおうち英語3つの約束

（1）しっかり子どもを観察する

これは、生活を共にしている親にしかできないことです。どんな先生よりも、親が子どもを一番よく見て理解していることでしょう。耳がいい子。読むのが好きな子。お友達と遊ぶのが好き。人みしり。歌が好き。身体を動かすのが好き。食べることが好き。**わが子の興味や性格に合わせて、タイミングよく英語を与えていきましょう。**子どもはどんどん変化します。しっかりと「観察する」ことを子育ての一部にしたいものです。

（2）子どものありのままを受け入れ、自分がされて嫌なことはしない

　子育ての話そのままですね。「どうしてできないの！」と叱る。無理やり押し付ける。他の子と比べる。いきなりまったく違う環境に放り込んでフォローしない……。英語が嫌いになったり、英語にネガティブなイメージを持ってしまうことは、避けたいものです。親が関われるのはお子さんが小さいうちだけ。その貴重なチャンスの時間は、英語の楽しいイメージ「だけ」を植えつけることにぜひ使いましょう。

（3）親が無理をしない

　親が無理をすると、子どももそのことに気づいて苦しくなります。そのお金と時間、英語に使って大丈夫ですか？　子育てに関しては、何ごとも、親が経済的にも精神的にも体力的にも、余裕をもってできる範囲で行いたいもの。手をかけるのが楽しいなと思う人はやればよいし、できないことは無理をしない。親がある程度「枠組み」を決めてしまって、その範囲内で、楽しく（そしてラクに）実行できる選択をするのがおススメです。

私が特に心がけていたのは(3)です。わが家のモットーは「ママとパパが無理をしないこと」。**つい周りを見てしまうと、隣の芝生が青く見えることもありますが、意外と子ども自身は与えられた環境に満足しているようです。**「うちはうち！」と堂々と胸を張る、ブレない親でいたいと思っています。

\ Point /
「観察する」「ありのままを受け入れる」「親が無理をしない」を3つの約束に

\ 親トク /
子育ても英語教育も「わが家流」がベスト

072
「日本のことを発信できる人」に自然になれる方法

　近代以降の日本で、初めてアメリカに留学した女性の1人が津田梅子です。日本の女子高等教育に生涯をささげた人物で、2024年から新5000円札の肖像になっています。梅子は日本初の女子留学生として、1871（明治4）年、岩倉使節団に随行して、わずか6歳で蒸気船で海を渡りました。

　それから150年。私たちは、飛行機で海外と行き来できるだけではなく、日本にいながら世界とカンタンにつながることができる時代を生きています。

　そんな私たちに強く求められるスキルとは、「**日本のことを正しく発信できる力**」ではないでしょうか。活躍する日本人、伝統文化や、書籍や映画などのコンテンツ、良質な製品やサービスなどを、海外の人に知ってもらうために、英語で正しく発信できる準備をしておきたいものです。

●「日本人が活躍する時代」の メリットを生かす

わかっているけれど、とてもハードルが高い……ですよね。

でも、**今の子どもは、日本のことを説明しやすい時代を生きています。チャンスなんです。**なぜなら、海外で活躍する日本人や、海外で大人気のコンテンツがすでに話題になっているからです。

たとえば、メジャーリーグの大谷翔平選手、ゴルフの松山英樹選手や海外のチームに所属するサッカー選手といった日本人アスリート。日本のアニメ(「ドラゴンボール」「ワンピース」「ナルト」など)は海外で大人気です。日本文化について海外に発信する人が増えたおかげで、「もったいない(mottainai)」「いきがい(ikigai)」「かわいい(kawaii)」「弁当(bento)」「マンガ(manga)」など、英語になった日本語も多数あります。海外の情報を活用しつつ、日本からも発信するという双方向のやりとりが、これからはさらに必要になっていくことでしょう。

● 子どもの「意識」を変える問いかけ

親子でおうち英語を楽しみながら、いつかお子さん

が「英語で発信する人」になるのだという意識を持ってみるのはいかがでしょうか。その第一歩として、お子さんにこんな問いかけをしてみましょう。

- 自分はどんな人？　何が好き？　将来どんな仕事がしたい？
- 日本のどの地域に住んでいる？　自慢できる特徴は？
- どんな映画や本が好き？

お子さんが自分を客観的に見つめる時間をつくってみるのがおススメです。**「自分のことや、自分が興味・関心のあることを言葉で説明できる力」が、「発信力」につながります。**まずは日本語で説明できるようにして、徐々に英語でも説明できるようにチャレンジしてみましょう。

お子さんは、いつか海をわたって活躍するかもしれません。そのときに備えて、使える英語の下地をつくっておくことができればいいですね。

\ Point /
発信力を育むために、自分を客観的に見つめる時間をつくる

\ 親トク /
子どもの人生の方向性を確認できる

073

「オンラインレッスン」を かしこく活用する

　おうち英語は、基本的に「親が子どもに英語を与える」という形で行います。ここに「オンラインレッスン」をプラスすると、お子さんの世界がぐんと広がります。

　お手頃な価格で家にいながら気軽にレッスンを受けられるので、今や人気の英語学習方法の１つです。「オンライン英会話」で検索すると、たくさんヒットしますので、気軽に調べてみてください。

　子ども向けのオンライン英会話には、様々なメリットがあります。２つ挙げると、多くの場合、親の同席OKですので、お子さんの様子を間近に観察できること。そして、回数と時間帯と講師を自由に選べることです。

　オンラインレッスンを使うときのたった１つのコツは、目的に合った講師がいるサイトを選ぶこと。

　私の場合は、「様々な国の人と、興味のあるテーマについて英語で話す時間をつくる」というのが目的でした。息子は５歳と７歳のときに、３〜４か月にわたっ

て、平日の週2回、夕食とお風呂をすませ、夜に25分間、オンラインレッスンを受けました。

　お世話になったのは、ネットで検索をして見つけた「エイゴックス」という会社です。選んだ理由は、講師が多国籍にわたり、講師の紹介サイトに趣味や特技、生徒からの評価が細かく記載されていたことと、事前に「○○について自由に話したい」などの要望を伝えることができたからです。「キッズOK」の講師陣から、趣味が合いそうな講師を選んで予約しました。時間になると「スカイプ」を立ち上げてレッスンスタートです。

　自己紹介をして、今日のできごとについて短くやりとりをした後は、息子が恐竜やSF映画について自由に話します。すると講師が表情豊かに反応して、会話をふくらませてくれました。おススメの映画を教えてもらったり、恐竜の絵本を朗読して発音をチェックしてもらったり。息子は、**「僕の興味をシェアできる大人のお友達」と過ごす感覚で**、この時間をとても楽しんでいました。**私は横で見守るだけです。息子が楽しんでいるかをチェックし、後で振り返るために印象的な会話をメモしておいたり、次のレッスンの際の要望を考えたりしていました**（例：「話したときに、表現が間違っていたら、正しい表現を指導して言い直させてくださ

い」)。もちろん、口の動きのチェックも忘れずに(34の項)。

オンラインレッスンは、英会話だけではなく、英検やTOEIC対策などにも活用できます。 英検の英作文をチェックしてもらう、面接の練習をしてもらう、という使い方も。**親にできないことを補ってもらう感覚で、上手に活用する**とよいですよ。

＼ Point ／
オンラインレッスンは強力な助っ人。目的をはっきり決めて選ぼう

＼ 親トク ／
コスパがよくて自由度が高いので、お気に入りのサイトを見つけておくと便利

074

「1行日記」を書いてみる

最近、大人の英語学習法として注目されているのが、「英語で日記を書くこと」です。

私が学生の頃にはなかったメソッドですが、この方法は、お子さんにとっても大きな効果が3つありそうです。

(1) 主語を"I"で始めるので、会話力が身につく
(2) 「動詞」の「過去形」を覚えることができる
(3) 自分の「感情」を文字にする練習になる

● 日記は主語が必ずI(私)だからカンタン!

1つずつ説明しますね。

日記は、「私」についての記録なので、ほとんどの場合の主語は"I"です。"I went to the bookstore today.(私は今日書店に行った)""I slept over this morning.(私は今朝寝すごした)"のように。自分のことを書くことは、自分のことを「伝える」ことです。

この2つの例文は、そのまま友達との「会話」に使えますよね？ **"I"で始まる文章のストックを増やすことは、英会話力アップにつながるのです。**

日記では、今日の出来事について過去形で書きます。68の項でお伝えしたように、「動詞」は文章の「心臓」なので、きっちり覚えたいところ。日記を書くことで、この大切な「動詞」の「過去形」の練習ができます。

ちなみに、**よく使われる動詞には、不規則な変化をするものが多いのをご存知でしょうか。** "went（go）" "brought（bring）" "ate（eat）" "felt（feel）" "got（get）" "had（have）" "knew（know）" "left（leave）" "met（meet）" "ran（run）" "said（say）" "saw（see）"など、何度も書くことで、自然に口をついて出るようになります。

そして、日記は「私」の主観で書くので、感情を文字にする練習になります。"I was sad.（私は悲しかった）" "I left the shop happily.（私は嬉しい気分で店を出た）" "I got angry when I heard the news.（私はその知らせを聞いて腹が立った）"。ついでに感情をこめて音読するのもよいですね。

● 親はノーチェックでいい

リスニング力を積み上げて、英単語がつづれるよう

になってきたら、「1行日記」を英語で書いてみるのはいかがでしょうか。1文や2文の短い文を、字の練習を兼ねて、ていねいに（つづりや文法を確かめながら）仕上げるようにしましょう。

「子どもの英作文をチェックするのはハードルが高い」と思うかもしれません。**でも、親はノーチェックでOK。せいぜい「単語のつづり」を確かめるだけでじゅうぶんです。間違っていてもいいんです**（日本語の日記を添削しないのと同じです）。お子さんが自由な気持ちで、書きたいことを英語で表現するのが、ここでのポイント。1行日記は「自分の言葉で話す」下地になりますよ。

＼ Point ／
日記は「自分の言葉で話す」練習になる

＼ 親トク ／
ママパパも、書いてみませんか……？

075

「マンガ」は「会話力」を育てる便利なツール!

　英語力をアップするには、「英語の多読が大切」だと、多くの英語教育者が提唱しています。たとえば、帰国子女の子どもたちは、日本に戻ってきてから、英語力を維持して伸ばすために補習校に通うことが多く、そこで大量の英語の本を読む課題をこなします。**耳から聞いたことは忘れやすく、語学力を定着させるには「読み書き」をしっかり学ぶことが重要なのです。**

　とはいえ、英語で書かれた本を毎日読み進めるのは、お子さんの学年が上がり、学校や塾の宿題などやることが増えると、親の管理もふくめて、かなりむずかしくなりますよね。

　そんなときの強い味方が「マンガ」です。文字だけの本には手が伸びなくても、マンガならスキマ時間にパラパラめくりやすいからです。DVDで英語の映画を1時間半見るのは時間的に厳しくても、マンガならお手軽に読めます。

● マンガは英会話に直結する!

　マンガはセリフが「ふきだし」に入っています。**つまり、マンガはすべて「シンプルな会話」で文章が成り立っています。だから、セリフを読むことが英会話力につながるというわけです。**

　ちなみに、翻訳本というと、欧米の作品を日本語に翻訳したものというイメージが強いかもしれません。でも、実はこの20年ほどの間に、小説やマンガなど、日本語の作品が英語をはじめとする外国語に翻訳されて海外で紹介されることが増えているのです。

　そのおかげで、親しみのある日本の作品の多くを、英語で読むことが可能なので、ぜひ活用してみましょう。

　たとえば『DORAEMON（ドラえもん）』（小学館イングリッシュコミックス）は、ふきだしの中に英文が、コマの外に日本語訳が書かれています。ふきだしの中は英文だけなので、まず英文だけ読み、その後で日本語訳を確かめるといった使い方ができ、英語学習者に親しまれています。

　また『鬼滅の刃』『君の名は。』『ワンピース』などの人気コミックも英語版が発売されています。

● **子どもが好きな作品ならなんでもいい!**

　選ぶときのコツはたった1つ。ずばり「お子さんが好きな作品を選ぶこと」。疲れたときでも手に取りたい、何度でも読み返したい、という内容の英語マンガをセレクトしましょう。

　もちろん海外コミックを読むのもおススメです。その国の文化も一緒に学べます。うちの息子は『ドッグマン』というアメリカの児童向けコミックの日本語版が気に入って、くり返し読んでいましたので、原書も購入しました。

　日本語の本であっても、子どもが読みたがる本と、大人が読ませたい本は「違う」ことが多いですよね。**英語のマンガに関しては、くり返し読んでもらうことが第一の目的なので、必ず「子ども目線」で選んでくださいね。**

＼ Point ／
英語の「マンガ」で
英会話力をアップ

＼ 親トク ／
ママパパもお子さんに
借りて読めば、
同様の効果が手に入る

076

深掘りするなら「フォニックス」よりも「語源」

大学で英語教授法を学び、中高生と小学生の英語教育に携わってきた友人Mさんと話していたときに、「フォニックス」の話題になりました。フォニックスとは、英語の「発音」と「つづり」の規則性の学習法のこと。**フォニックスを知ることで、初めて見た単語を発音できたり、耳で聞いた単語のつづりを想像できたりします。**「u」の発音は「ウー」ではなく「ア」なので、"umbrella（傘）" は「アンブレラ」となります。

英語圏では定番の学習法で、最近は、子ども向けの英会話教室の多くで取り入れられていますので、「フォニックス」という言葉をご存じのママパパは多いのではないでしょうか。

私のがっかり体験

私もフォニックスの絵本を購入し、子どもに見せていましたが、例外的な発音（別途、暗記が必要）が多く、さらっとマスターできなくて、途中であきらめてしまいました。罪悪感でがっかりする私に、Mさんは

こう言いました。

「時間がないなら、フォニックスは深掘りしなくていいよ。例外も多いし、英語をたくさん聴いて読んでいれば身につくから」

さらにMさんは続けました。

「それより私なら、学生時代に『接頭語』をもっと知りたかったな。単語を覚えるのがラクになって、語彙力がアップするもの」

目からウロコでした。確かにそうなんです。**「接頭語（接頭辞）」とは、英単語の頭の部分のこと。これに続くのが「語幹（語基）」、英単語の最後の部分が「接尾語（接尾辞）」で、この3つを合わせて「語源」と呼びます。語源を覚えておけば、それを組み合わせることで、わかる英単語の数が増えます。また、わからない単語に出会ったときに、意味が想像できるのです。**

● 語源から単語力は芋づる式に増える

たとえば、"sub" という接頭語には「〜の下に」という意味があります。

- "submarine" は "sub（下に）" "marine（海の）" に分解できるので、「海の下」をイメージ。「潜水艦」のこと

- "subway" は "sub（下に）" "way（道）" なので「下の道」から「地下道・地下鉄」という意味になります
- "substitute" は "sub（下に）" "stitute（立つ）" で、「下に立っている」→「代理の・補欠」という意味

　最後の例のように、むずかしめの単語の意味も想像できます。

　他に、"de（離れて）" "ex（外に）" "pre, pro, for（前に）" "re（再び、元に、うしろに）" "un, im, in, a（否定）" "con, com, co（共に）" といった語源を覚えておくと、英単語の幅がぐんと広がります。

　語源の学習は、ある程度の単語力が身についたお子さんにおススメです。というのも、基本的な英単語がまず頭の中に入っていることが、この方法を使う大前提だから。英検3級を取得したぐらいのタイミングで試してみてはいかがでしょうか。

＼ Point ／
「語源」を覚えると
単語のストックが増える

＼ 親トク ／
ママパパの英語力も
もう1回上がる

077

米国人ジャーナリストを驚かせた「魔法の言葉」とは?

　外国語を上手に話すこと以前に、とても大切なことがあります。それは「**ていねいに挨拶をすること**」。米国人ジャーナリストのパメラ・ドラッカーマンは、フランスの子どもの「ある共通点」に気づいて驚きました。それは「挨拶」が上手にできること。

　フランスでは、「ボンジュール（こんにちは）」がきちんと言えるように、厳しく子どもをしつけます。アメリカやイギリスでは、知人のお宅にお邪魔するときに、子どもは親の後に隠れてもじもじしていても、「子どもは半人前だから仕方がないか」と容認されるのに、子どもを「小さな大人」として扱うフランスでは、子どもが親のおまけのような存在でいることが許されないのです。子どもが大人に「ボンジュール」を言うとき、人間同士という対等の立場に立つことができます。そして子どもは、自分もまた権利を持つ人間だという自信を持てるのです。

● 挨拶しないだけでこんなに損をする

ドラッカーマンは、外国人観光客がしばしばパリのレストランで冷遇されるのは、「ボンジュール」を言わずに席に座ってしまうからかもしれない、と指摘しています。なぜなら、レストランに入ったときに「ボンジュール」と店の人に挨拶をすることで、**「あなたを単なるサービスの提供者ではなく、1人の人間として見ています」**という合図を送ることになるからです。

日本人同士の場合、「なんとなく通じ合える」という感覚があるので、「挨拶」をそれほど意識しないかもしれません。ご近所同士の挨拶も、なんとなく会釈だけですませずに、大きな声で「こんにちは」と声を掛け合うことが、連帯意識につながりますし、防犯にもなりますね。お店に入ったときも、敬意を持って相手に接することが、コミュニケーションの第一歩です。

● 挨拶は「相手の存在を認める」こと

「こんにちは」とはっきりした声で堂々と挨拶できること。相手の存在を認めて、自分の存在を認めてもらうこと。そこからコミュニケーションが始まります。私は、このエピソードを読んで、まずは親の自分がもっと「こんにちは」を言わなければ、と反省しました。まずは

日本語で、普段の生活のなかで「こんにちは」がきちんと言える子に育てたい、と思っています。

　ちなみに、ドラッカーマンによると、子どもが最初に覚えるべき魔法の4つの言葉は「**お願いします（プリーズ）**」「**ありがとう**」「**こんにちは**」「**さようなら**」です。子どもに教えるときはもちろん、大人が外国語を学ぶときにも参考にしたいですね！

＼ Point ／
「挨拶」は、
コミュニケーション
の第一歩

＼ 親トク ／
しつけの一環として
習慣づけたことが、
英語にも役に立つ

078

自動翻訳の時代になっていくからこそ、英語力が必要な理由

AIによる自動翻訳が日々進化しています。「AIが翻訳してくれるから、英語学習は不要になるのでは？」という声も。「だったら、うちの子に今から英語教育をしても無駄になる」そんな意見をお持ちのママパパも多いかもしれません。

反論させてください。**こんな時代だからこそ、英語力は超・必要です！**

様々な理由がありますが、まずは、自分の専門分野でもあり、本書でも何度も述べてきた「コミュニケーション」という観点から理由を述べさせてください。ひとことで言います。

「翻訳」は「コミュニケーション」のほんの一部でしかありません。 コミュニケーションの70 − 90％は非言語だと考えられています。ペンシルベニア大学の研究によると、実際には93％で、コミュニケーションの70％はボディーランゲージ、23％は口調と語尾だそうです。だから「語られない部分」が重要なのです。

たとえば、お店に入ってきた外国客に声をかける場

合。極端に言えば"Would you like 〜？（こちらはいかがですか）"だけ言って、品物を身振りで示せば、相手に意味と思いが伝わります。"Good Morning."というひとことも、友達に言うときと、目上の人に挨拶するときでは、ジェスチャーが変わってきます。

● 語学は他者理解の入り口

迷ったら、お子さんになぜ「英語ができる子」になってほしいのか、を思い出してみましょう。様々な国の人と上手にコミュニケーションが取れる子になってほしいからではないでしょうか。そのためには、**他者への敬意と他文化の理解が必要であり、その大きな入り口が語学の学習である**、ということをぜひ覚えておいてください。

また、自動翻訳の精度は85％とも90％とも言われますが、絶対に100％にはなりません。英語の基礎力がなければ、残りの数パーセントを自力で埋めることはむずかしいでしょう。

それからAIには意訳ができません。「意訳の達人」の代表格といえば、映画の字幕翻訳者です。1秒4文字（1行13字）という限られた字数で、原語のニュアンスを凝縮した日本語で伝えます。直訳では伝わらない、登場人物の迷いや決意などを載せた絶妙なセリ

フには感心させられます。

　また、手前みそで恐縮ですが、翻訳書は、単に外国語を日本語に置き換えただけの本ではありません。海外ですでに評価を受けた良書を、日本の読者に最大限に活用してもらえるように、翻訳・編集作業を入念に行います。ファクトチェックをかけ、訳注を入れ、ときには原書にはない参考資料を追加し、著者に日本の読者向けにメッセージを加筆してもらうこともあります。

　このように、現場の翻訳者は「コミュニケーションの架け橋」をしているのです。

　英語を使う人が増え、英語が世界の共通言語としての地位を確立したといっても過言ではありません。そんな時代なので、ますます英語の情報を取捨選択する必要が増してくるでしょう。そのためには、英語の基礎を身につけている必要があるのです。

＼ Point ／
自動翻訳に頼りすぎると、一番大切な相互理解から遠ざかる

＼ 親トク ／
英語を入り口に「多様性に理解のある子」を育てる

079

子どもに「羅針盤」を持たせ、親は「ツール」を与える

　2021年2月19日午前6時（日本時間）、米航空宇宙局NASAの探査車「パーサビアランス」が火星に着陸しました。

　ニュースをいちはやく教えてくれたのは、アメリカ在住の友人Tさんです。朝起きて、彼からのメッセージを見て、スマートフォンからNASAのホームページのLIVE映像で着陸の瞬間を目撃し、そのあとテレビをつけて、NHKニュース速報で日本人キャスターが着陸のニュースを伝えるのを見聞きしてから、CNNとBBCをはしごして、この世界的なニュースをどう伝えているのかを確認する……そんなことができる時代になりました。

　私たちの子どもが大人になる頃には、ますます情報技術が進化し、その扱い方にも変化が見られることでしょう。子どもたちに、どんな未来が待っているでしょうか。親の世代には想像もつかない世界かもしれません。

● 「メディア・リテラシー」が必須に

現在、英語ネイティブと外国語として英語を使っている非ネイティブの人口を合わせると約11.2億人。英語を使えば世界の5人に1人とコミュニケーションが取れる計算です。インターネット上で日本語が占める割合は、わずか3％。英語は25.3％です。

最先端の情報は真っ先に英語で入ってくるのが現状です。また、メディアの機能を理解して、情報を見極める能力、つまりメディア・リテラシーが重要です。

（1）取りに行く情報を選ぶ
（2）情報を「みずから」取りにいく
（3）多くの人に届く形で「発信する」

この3段階のプロセスが大切です。そのためには、まず、自分自身のなかに、しっかりと経験と知識を貯えておかなければなりません。そして、自分の方向性を知っておくことが重要なのです。

● 未来において「主体性」を持てる子

あふれる情報の波にただよって振り回されるのではなく、自分の羅針盤を手に、「ツール（道具）」をうま

く使いながら、行きたい方向へとかじ取りをしていく。私たち親は、そんな子どもの背中を見守ることしかできません。

でも、子どもが幼いうちに、「ツール」を与えるお手伝いをすることはできます。お子さんに、どんなツールを与えてあげたいかは、親の価値観によって様々に違うことでしょう。

私は、親としてたいそうなものは持っていないけれど、もしもできることならば、**英語というツールを子どもにプレゼントしたい**と思いました。自分自身、これがあったから、たくさんの出会いがあり、楽しい経験ができ、ライフワークとも言える翻訳の仕事を長年続けてこられているからです。

子どもに羅針盤を持たせて、親はツールを与える。そのうち、お子さんが自力でツールを強化したり増やしたりしていく。主体的に成長できるよう、しっかりサポートしたいものですね。

\ Point /
「英語」
「メディア・リテラシー」が
重要な時代

\ 親トク /
親は「ツール」を与えて
見守るだけ

080

迷ったら……いつでも究極のゴールは「わが子の幸せ」一択!

　最後に、今さらですが、ちょっと質問させてください。

「お子さんのことが大好きで、幸せになってほしいと願っていますか?」

　答えはもちろん「はい」ですよね!

　当たり前でしょ?　と思うかもしれませんね。でも、私たちは、この基本から知らず知らずにブレてしまいがちなのです（よそのお子さんと比べたり、情報に振り回されたり……）。

　子育てで最も悩ましいのは「教育としつけ」です。経済学者の言葉を借りると、**私たちは「子どもの最善の利益は何か」を常に考えて、あらゆることを選択しなければなりません。** いつのタイミングで叱るか、どんな習い事をさせるか、どの幼稚園に入れるか、小学校や中学校で受験をさせるか……。

　私の場合、子育ての選択にあたっての自分の価値観は、たった1つでした。**どうしたらいいのだろう?と迷ったときは「わが子の幸せ」を基準に判断する。**

親が「子どもの幸せを願う」ことは、実はいつの時代も変わらない、普遍的なことです。ただしその方法は、社会経済の動向によって、歴史と共に変わってきています。かつては、親が専制的に（時に体罰を加えてまで）子どもを指導して、将来生きるのに困らないように職業を親が決める、という方法が主流だった時代もありました。

　そして、**今アメリカやヨーロッパをはじめ、世界的に注目を集めているのが「民主的な子育て」**です。これは、親がある程度の方針を決めて積極的に関わりながら、子どもからの意見も聞き、子ども自身に将来を選択させるという方法です。

　これからの時代、**親とは違う職業に就く子どもが増える**ことが予想されます。まさにこの本を読んでいる方にも、わが子には親の願いを受け止めつつ、自分で進路を選び取っていってほしい、と考えているママパパが多いのではないでしょうか。世の中の仕組みが激変している今の時代、親の経験値から子どもに教えてあげられることは少ないのかもしれません。

　でも、わが子の幸せを誰よりも願っている親だからこそ、できることがたくさんあります。

　私自身は、大切なわが子に、英語が得意になってほしいという以上に、伝えたい思いがありました。それ

は、「**英語ができると、世界が広がって、人生が楽しい、とあなたのお母さんは思っています**」ということです。

そして、子どもにもいつか、「英語ができたから、世界が広がって、人生が楽しくなった」と思ってもらいたい。

英語のドアをつくってあげれば、子どもの未来が広がる。そんなイメージを持っています。ドアを開けると光が差し込み、子どもの人生がさらに明るく照らされる。

そうやって育った子どもが大人になり、人と人が思いやりにあふれた豊かなコミュニケーションを取ることで、世界がもっともっとよくなっていく……1人の親として、そんな未来を心から願っています。

＼ Point ／
ここまで読んでくださってありがとうございます！

＼ 親トク ／
親子で英語を楽しく使えるようになりますように！

巻末付録／
文庫版特典

巻末付録①

おうちでカンタン！親子で身につく
「1・2語英会話」

どんなご家庭でも取り入れられるシンプルな表現を集めました。
ぜひ楽しみながらやってみてください。

●リビング・子ども部屋で

Turn off (the light). ▶ （電気を）消してね。
Turn on (the switch). ▶ （スイッチを）入れてね。

●お風呂に入るとき

Take off (your clothes). ▶ （服を）脱いでね。
Put on (your pajamas). ▶ （パジャマを）着てね。

●洗面所で

Brush your teeth. ▶ （歯を）磨こうね。
Wash your hands. ▶ （手を）洗おうね。
Dry your face. ▶ （顔を）拭いてね。　☆「水分を取る」
の意味では "dry" を使います

●食事のとき

Let me wipe your mouth. ▶ （口を）拭きましょうね。

☆「ぬぐい取る」の意味では"wipe"を使います
You will need a baby bib. Let me put it on you. ▶食事用エプロンをつけましょう。　☆子どもに何かしてあげるときは　"You will need 〜""Let me 〜"を使います。

◉ 注意するとき

Don't run! ▶走らないでね。
Don't spill! ▶こぼさないでね。
Don't touch it! ▶それにさわらないでね。
Don't forget (your umbrella). ▶(傘を) 忘れないでね。
Close the door. ▶ドアを閉めて。
Put your toys away. ▶おもちゃを片付けて。
Watch your step. ▶足元に気をつけて。
Please be quiet. ▶静かにして。☆「声を抑えてほしい」とていねいに注意するなら"keep down"

◉ 乗り物に乗るようになったら

(Let's) get on the bus (train) /get off the bus (train) ▶電車（バス）に乗りましょう/電車（バス）を降りましょう。

●おうちで使える決まり文句

How is the weather? ▶お天気はどう？

It's (sunny/rainy/cloudy) today. ▶今日は（晴れ／雨／曇り）だね。

It's time to (go to bed/ get up). ▶（寝る／起きる）時間よ。

Here you are. ▶はい、どうぞ。

ちょっと応用、便利なフレーズ

What if 〜？ ▶〜したらどうする？

What if it rains? ▶雨が降ったらどうする？

How about 〜？ ▶〜するのはどう？

How about going to the park? ▶公園に行かない？

That's 〜！▶それは〜だね！

That's great! ▶それはすごいね！

That's wonderful! ▶それは素晴らしいね！

巻末付録②

とっさに英語で言いたい「身近なものの名前」

家の中のあらゆるものは、英語の入り口。
代表的なものを紹介しますので、ぜひ親子で言い合ってみましょう。

● 勉強部屋にあるもの

鉛筆削り	▶ a pencil sharpener
クリップ	▶ a paper clip
消しゴム	▶ an eraser
定規	▶ a ruler
はさみ	▶ scissors ☆複数形であることに注意。1本でも scissors です(正確には "a pair of scissors")
ノリ	▶ a glue
ホチキス	▶ a stapler
電卓	▶ a calculator
画鋲	▶ a push pin

● 家電など

冷蔵庫	▶ a refrigerator
冷凍庫	▶ a freezer
洗濯機	▶ a washing machine

ガスコンロ	▶	a stove
電子レンジ	▶	a microwave
エアコン	▶	an air conditioner
掃除機	▶	a vacuum cleaner
食器洗い機	▶	a dishwasher
扇風機	▶	an electric fan
流し台	▶	a sink

● 生活用品など

歯ブラシ	▶	a toothbrush
歯みがき粉	▶	(a tube of) toothpaste
蛇口	▶	a faucet / a tap
わりばし	▶	a disposable chopsticks
水筒	▶	a water bottle
ビニール袋	▶	a plastic bag
紙袋	▶	a paper bag
かけ布団	▶	a comforter
ぬいぐるみ	▶	a stuffed toy
目覚まし時計	▶	an alarm clock
枕	▶	a pillow
哺乳瓶	▶	a nursing bottle
糸	▶	a string

輪ゴム	▶ a rubber band

●その他

パン屋	▶ a bakery
植物	▶ plants
花瓶	▶ a vase
子犬	▶ a puppy
子猫	▶ a kitten
水玉模様	▶ a polka-dot pattern
しま模様	▶ a striped pettern

巻末付録③

インプットとアウトプットを連動させる4つの方法

本文中で「インプット」と「アウトプット」を連動させる必要性についてお話ししました(12)。ここでは発展編として、おうちでできる4つの方法を紹介します。

① 会話のキャッチボール

お子さんに英語でシンプルな質問をして、答えてもらい、そこからまた質問をして、答えてもらう……という会話のキャッチボールを行う。

親 "How was school today?（今日は学校どうだった？）"

子 "The school lunch was pretty good.（給食がおいしかった）"

親 "What did you eat?（何を食べたの？）"

子 "Curry and rice.（カレー）"

親 "Did you have a second helping?（おかわりした？）"

② 英語で自己紹介

お子さんに英語で自己紹介をしてもらう。初めて会う人に自分のことを知ってもらうつもりで基本的な情報を伝えてもらいましょう。さらに、自己紹介を受けてお子さんに質問をして会話を深めても。

子 "My name is Kaori. I'm 7 years old. I have a younger sister who is 5 years old. I like reading and playing piano. (私はカオリです。7歳です。5歳の妹がいます。好きなことは読書とピアノを弾くことです)"

親 "Are you reading a book right now? Can you tell me the story? (今、何か本を読んでいますか？どんなストーリーですか？)"

③ 好きなことについて話す

お子さんに、自分の好きなことについて、なるべく詳しく英語で説明してもらう。

子 "I like playing soccer very much. I'm a keeper in a club team. There will be a soccer match next Sunday. I will do my best. (僕はサッカーが大好きです。クラブチームでキーパーをしています。次の日曜日に試合があります。全力を出せるようにがんばります)"

④ ① 〜 ③ について、英文で書いてみる

きっとお子さんは「え〜っと、○○って、英語でなんて言うんだっけ」と言葉に詰まることがあるでしょう。

そこがチャンスです。

　すかさず「一緒に調べてみようか」と単語を確認して、正しく言い直してみましょう。

　これは、英語をすらすら話す・書くための訓練ではありません。これまで自分が貯えた「英語の情報」を使って、自分が発信したい内容や自分にまつわる情報を「アウトプット」する訓練です。

　将来的に、英語でコミュニケーションができるようになるためには、まずは自分のことや、興味関心があることを、英語で発信できるための基礎をつくっておくのが大切です。間違えてもいいし、シンプルな表現でOKです。何度もくり返して言っているうちに、「自分まわりの英語」が身についてきますよ。

巻末付録④

英語でクッキング！ヨーグルトケーキ（Yogurt Cake）の作り方

ヨーグルトの容器を使って計量するので、子どもでもカンタンに作れます。
親子でエンジョイしてみてください。

53で紹介したヨーグルトケーキのレシピです。ポイントはヨーグルトの容器を使って計量すること。スーパーで4個パックになっているようなひとりサイズの70ｇのヨーグルトの容器を使います。お子さんと一緒に「1 cup, 2 cups…」と楽しみながら、数の練習もできますね。レシピは、日本で作りやすい分量にアレンジしてあります。計量はざっくりでOK。お好みでアレンジしてくださいね。

● 材料（Ingredients）

プレーンヨーグルト（plain whole-milk yogurt）（容量70g）…2個

卵（egg）…1個

砂糖（sugar）…容器2杯分（200g）【1杯100g】（1杯分でも。お好みで）

植物油（vegetable oil）…容器1杯分より少し少なく（65g）

薄力粉（plain flour）…容器3杯分（195g）【1杯65g】
ベーキングパウダー（baking powder）…小さじ1（5g）
　以下、お好みで加える
〇レーズン（raisins）……容器1杯分（60g）
〇チョコチップ（chocolate chips）……容器1杯分よりやや少なく（60g）

● 作り方（Directions）

①オーブンを190度に余熱する（Preheat oven to 190 degrees Celcius.）。直径18㎝の丸型に植物油（分量外）をなじませる（Use vegetable oil to grease a 18 cm round pan.）。

②ヨーグルト、卵、砂糖、植物油を、優しく混ぜ合わせる（Gently combine the yogurt, eggs, sugar and oil.）（❶）。

③べつのボウルで、ふるった薄力粉とベーキングパウダーを混ぜる（In a separate bowl, mix the sifted flour and baking powder.）（❷）。

④❶のボウルに❷を加え、そっとかき混ぜる。混ぜすぎないこと（Add ❷ to ❶, mix gently until the ingredients are combined, but don't over-mix.)。レーズンやチョコチップなど、好みのフレイバーを加えてもいい(You can add raisins or chocolate chips, or any flavoring you like.)。

⑤型に流しこみ、オーブンで35分焼く(Pour into the round pan and bake in the oven for 35 minutes.)。ナイフを入れてみて、まだならさらに5分焼く(Then 5 minutes more if it doesn't pass the knife test.)。

⑥オーブンから出して冷ます(Take it out of the oven and let it cool.)。

巻末付録⑤

知っておくと便利！
お料理の英語

お子さんとコミュニケーションを取りながら、英語の勉強もできる。
料理の用語を知っておいて損はありません！

● お料理まわりの名詞

a cutting board　まな板

a frying pan　フライパン

a pot　鍋

a lid　(鍋の) ふた

a mixing bowl　ボウル

a ladle　レードル

a strainer　ざる

a whisk（egg beater）　泡立て器

a measuring spoons　計量スプーン

● お料理まわりの動詞

<u>preheat</u> the oven（オーブンを予熱する）

<u>beat</u> an egg with a whisk　（卵を泡立て器でかき混ぜる）

<u>melt</u> the butter　（バターを溶かす）

<u>flip</u> the chicken over　（チキンをひっくり返す）

toss the salad（サラダをざっと混ぜ合わせる）

chop the onion（玉ねぎを刻む）

dice it into 1 cm squares（1 cm の角切りにする）

mince the garlic（にんにくをみじん切りにする）

slice the cheese （チーズをスライスする）

stir-fry vegetables in a pan（フライパンで野菜を炒める）

deep-fry the chicken （チキンを揚げる）

cook rice in the rice cooker（炊飯器で米を炊く）

● 味覚の表現

sweet 甘い

sour すっぱい

salty しょっぱい

bitter 苦い

hot 辛い（spicy は薬味やスパイスの辛さのときに使う）

yummy　おいしい

文庫版特典①

著者が実際にヘビロテした
コンテンツ紹介

著者が実際に使い倒したコンテンツをまとめてご紹介します！あくまでうちの子の場合、ですのでご参考まで。お子さんが気に入ってくれるものがベストの選択です。

〈英語の絵本〉

Eric Carle（エリック・カール）の本

『The Very Hungry Caterpillar（はらぺこあおむし）』

『From Head to Toe
（できるかな？　あたまから
つまさきまで）』

『Brown Bear, Brown Bear,
What Do You See?
（くまさん　くまさん
なにみてるの？）』

Eric Hill（エリック・ヒル）の本

『Spot Loves His Mommy』

『Spot Loves His Daddy』

Virginia Lee Burton（ヴァージニア・リー・バートン）の本

『Katy and the Big Snow
（はたらきもののじょせつしゃ
けいてぃー）』

『The Little House
（ちいさないえ）』

ABC の絵本

『ALPHABLOCK』
by Chistopher Franceschelli
art by Peskimo

ワールドライブラリー社の絵本

『Amazing Space（ふしぎな宇宙）』
（英語、日本語共に）

教育絵本

『Magic School Bus（フリズル先生のマジック・スクールバス）』シリーズ（朗読 CD も）

「なぞり読み」に使った本

『Magic Tree House（マジック・ツリーハウス）』シリーズ（朗読 CD も）

子ども英語図鑑

『Longman Children's Picture Dictionary』
(青い表紙)

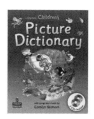

番組、アニメ、映画

NHK ワールド TV
『リトル・チャロ』(NHK Eテレ)
『すすめ！ オクトノーツ』(TVディズニージュニア)
『プレーンズ』(DVD)

『フィニアスとファーブ』
(DVD)

『ダイナソー・トレイン』
(Dinosaur Train、PBS キッズ DVD、日本語字幕なし)

CD 『マザーグースの歌―イギリスの伝承童謡』
　　『いーっぱい！　英語のうた全60曲』

文庫版特典②

英語学習Q&A

私が講演会や取材でよくきかれる質問をピックアップしました。
ぜひご家庭でもお役立てください。
＊（ ）の中は本文の参考項目の番号

【Q1】おうち英語を始めるベストな年齢やタイミングはありますか？　小学生からおうち英語を始める場合も、幼児と同じような内容から始めるのがよいでしょうか？（7, 9）

　英語力は何歳からでも伸ばせます。「やろう！」と決めたときがベストのタイミングです。ただしリスニングは幼いほうが習得しやすいのと、幼少期はおうちにいる時間が長いので、低年齢のほうが「楽に長い時間」英語に触れさせることができます。小学生になってからも「聴く」が先です。内容は気軽に聞き流せてくり返しが多いもの、迷ったら英語の歌がおすすめです。また、小学生になってひらがなや漢字を書けるようになったら、英単語のつづりを書く練習もできますので、4技能をまんべんなく伸ばせるように意識していきましょう。

【Q2】 英語を早くから始めすぎると、日本語とまざりませんか？（6）

　親が日本語で生活をし、社会生活（園や学校や習い事）を日本語で行う環境であれば、おうちで英語を意識して与えたとしても、日本語を使う時間量が圧倒的に勝るため、混乱する心配はありません。むしろ小学校が始まると英語に触れる時間が取りにくくなるので、早めにおうち英語をスタートして、コツコツと持続させる方法を考えておくことが大切です。

【Q3】親が英語が苦手、発音に自信がない場合の対策法（心がけなど）があれば教えてください。（25）

　親は「堂々と、楽しく」英語に向き合っている姿勢を見せましょう。「ママ（パパ）は英語が苦手なんだけどね……」とは口に出さないのがおすすめです。現時点でお子さんよりも英語の知識や文法力は勝っているので、自信を持ってOKです。音源をかけっぱなしにしているときに、親も真似すればリスニング・スピーキング力が上がります。発音については、そのうちお子さんに教えてもらえるようになるかもしれません。そのときは「す

ごいね！」とほめてあげるチャンスです。英語学習は「私（親）の問題」ではなく「子どものため」なので、そこを混同しないことが大切です。

【Q4】英語を英語のままで覚えさせたいのに、子どもが「これは日本語で何？」と聞いてくる場合、どのようにすればよいでしょうか。（26）

日本語で答えてOKです。子育て全般と同じく「子どもの好奇心を否定しない」ことが大切です。その上で気持ちと時間に余裕があれば、例えばAPPLEなら、日本語でリンゴと教えるだけではなくて、画像を見せて把握させるとよいです。日本のリンゴと海外のリンゴってちょっと違うんだな、ということも学べますよね。

日々翻訳していて実感しますが、実は英語って、ピッタリ対応する日本語が見つからないことが多いんです。親も一緒に英語の図鑑や辞書を見て「こうやって調べてみる？」とやりとりするのもいいですね。

【Q5】これからおうち英語を始める人に、まずはこれ、というおすすめ本やCDがあれば教えてください。（18, 24, 25）

　絵本であれば、エリック・カールの作品が、種類が豊富で、絵も親しみやすいのでおすすめです。短いので親が指さしながら読み聞かせるのにも向いています。音声CD（音源）も手に入ります。CDはマザーグースなどの英語の歌がたっぷり入っているものを。本書で紹介しているタイトルにこだわらず、ご自身が気に入ったものを使ってOKです。英語オンリーの音声のものを選ぶのがコツです。

【Q6】「おうち英語」は特にリスニング重視だと書かれています。英語の歌やマザーグース、機関車トーマスなどのDVDなどをおすすめされていますが、最後まで子どもが飽きずに聞かせる方法はありますか。また、嫌がる場合はどうしたらいいですか。（19, 20, 28）

　ポイントは2点あります。
　1つは、聞いているいないに関わらず、BGMのよう

に英語の音を流し続けること。英語の音に慣れるためです。毎日、英語を聞く時間を、生活のなかに取り入れるのがおススメです。寝る前にママパパが読み聞かせをしているなら、一文一文を正確に翻訳してお子さんに教えてあげるのではなく、「今のはこういう意味だよね」と会話のなかで内容をざっくり解説するほうが勉強っぽくならなくていいでしょう。

　２つ目は、お子さんが日本語でどんなコンテンツを楽しんでいるのかを観察して、同じ分野やレベルの英語のコンテンツを見せたり聞かせたりする。2歳を過ぎたら、お子さんは画面からも学ぶことができるので、動画やアニメを上手に使うといいでしょう。子どもが飽きるのは、英語が嫌いなのではなくて、コンテンツがお子さんの興味に合ってない、という可能性大です。嫌がるものを無理に聞かせたり、日本語で視聴して楽しんでいるのに英語に切り替えたりはしないほうがよいです。英語とネガティブな感情を紐づけないように。親にできる一番重要なことは「子どもを英語嫌いにしないこと」です。

【Q7】親としてはやはり「英検」につなげたい、将来的に大学受験の推薦時にも有利になれば…という気持ちが働きます。英検を意識する場合、どのように勉強すればいいでしょうか。(58, 59, 60)

　大切なのは、「低学年のうちに上の級を目指しすぎない」ことです。お子さんが辛くなって、英語が嫌いになってしまわないように目配りしましょう。英検の問題の内容は非常に理にかなっていて、文法の重箱の隅をつつく問題も出ませんし、「英語を英語のまま理解する」英語学習者には、挑戦しやすい内容です。英作文問題が始まるのは3級からで、4級5級はマークシート式なので低学年でもチャレンジしやすいです。

　英検は、自分のレベルを確かめるための指標になります。英検のために勉強するというよりは、じゅうぶんに英語をインプットしてから、レベルチェックのために英検を受けるのがおススメです。

　まずはリスニングをたっぷりして、英語のリズムや音に慣れること。数字（時間）や月、曜日、色の名前の入った文章を、すらすら読めたり聞けたりすること。それができたら、過去問を解いてみましょう。満点でなくても合格できますので、気楽な気持ちでチャレンジしてくだ

さい。

【Q8】親が頑張って英語で話しかけると、子どもが嫌がるのですが、どうすればいいですか。

「英語で話しかけると子どもが嫌がる」「英語でアニメを見せると嫌がる」という相談を受けます。もしかしたら、親の「必死な雰囲気」が伝わってしまっているのかも……？　と思いました。英語学習というと「何か身につけさせなきゃ」と親が焦ってしまう気持ちはすごくわかります。でも、子どもの立場からすれば、普段とは違う雰囲気のママパパと英語で会話するのは、少しストレスかもしれません。嫌がる場合、英会話の練習は、たとえばオンライン英会話の先生にお任せしてしまってもよいかもしれません。

【Q9】自動翻訳機の進化がめざましく、大人でも「英語を勉強してもAIに追いつかないのでは」と、むなしくなることもあります。今一度、子どもも大人も英語を勉強する意味についてお聞かせください。(78)

　ＡＩは「ライバルではなく、活用できる道具」です。でも、使いこなすには、教養の素地が必要です。何を誰に伝えたいかを思考するのは私たち人間であり、上手に発信する能力が問われます。表面的に意味を翻訳することは、コミュニケーションの補助にはなっても、それだけでは、人対人の関わりは完成しません。

　また、自分の力で言葉を組み立てることが、思考力の基礎となります。「日本語の文法と語彙」「英語の文法と語彙」を自分の中に取り入れると、日本語で思考できるだけではなく、英語でも思考できる能力が手に入ります。また、英単語には、ドイツ語やフランス語由来の単語も多いです。世界有数の複雑な言語と言われる日本語ネイティブに生まれながら、英語を第二外国語として学べる環境に感謝したいものです。英語の学び方を知ることは、将来、別の言語を学ぶときに大いに参考になるはすです。

文庫版特典③

元ハーバード大学客員研究員の塾講師が伝えたい「大学入試まで役立つ子ども英語」

子ども英語の先には、何があるの? 親はどうすればいい? 難関大学に多数の合格者を輩出する個人塾の代表・講師の鬼塚博先生にリアルに語ってもらいました。

鹿田:『「自宅だけ」でここまでできる! 子ども英語超自習法』(＊本書の単行本のタイトル)が刊行されて、いの一番に講演会をご依頼くださいました。先生との講演会と対談は今年で3回目になりましたね。大学受験対策の英語塾の先生が、なぜこの本にご興味を持ってくださったのでしょうか。

鬼塚:理由は3つあります。まずは「子どもを英語嫌いにさせないのが一番の目標」と書いてあったこと。2つ目は「リスニング重視、英語を英語の語順で理解すること」。3つ目は「あおってない内容」です。短絡的な記述がなく、商業ベースに乗ってない。

鹿田:ありがとうございます。翻訳者として、英語習得の基本について誠実に解説したかったので、信頼できていつ読んでも古くならない内容に、と意識して書きました。コツは結局、「コツコツ」続けることなんです。

鬼塚：英語嫌いにさせないことは非常に大事です。嫌いになると、「とりあえず試験に受かればいいや」といういい加減な勉強になってしまいます。嫌いになった子を高校生で英語好きにさせるのは難しい。結構多いのは「親に強制されて嫌いになった」という生徒です。心の底を変えるのは難しいです。英語が楽しくなるきっかけは、人それぞれです。親に点数のことばかり言われている子は点数に目が行くし、知的好奇心がある子は英語力そのものが伸びる。それまでの親の接し方が相当影響していると思います。

鹿田：親の接し方！　それは「おうち英語」で力説しているポイントです。リスニングについては高校生を教えていて、どうお感じですか？

鬼塚：英語の音に対する意識がもっと必要だと感じています。リスニングができないのは、自分が正確に発音していないためにその音を認識できないことと英語の語順通りに英語を理解できないことに原因があります。返り読みしないで、英語そのままの語順で読む方法を教えると大きく改善されます。よく英語を聴いている生徒は音

読がうまい。音読がスムーズにできると、読むスピードが上がります。

鹿田：どのような生徒が高校英語で伸びますか？

鬼塚：文章を正確に理解しようとする気持ちのある生徒が伸びます。リスニングと違って、読むスピードは自分でコントロールできるので基礎を作るのに重要です。丁寧に読むこと聴くことが基本です。リスニングができない子はリーディングもできていないですね。

鹿田：私は「おうちで幼い子どもに英語を与える」という姿勢から、「聞こえた順に理解する」を重視しています。そして「なぞり読み」によって丁寧に読む基礎をつけさせる作戦です。高校生を指導する鬼塚先生は、これに加えて文法を重視していますね。

鬼塚：文法は、一語一語流れてくる順番に英語を理解するため、正確に理解するために必要です。品詞、時制、5文型、構文をきっちりやることです。特に関係詞を正確に詳しく教えています。

鹿田：大学入試で純粋な文法問題は少ないですが、文法をしっかりやっておく意味は？

鬼塚：穴埋め的な文法問題は少なくなっても、正確に読めているかをチェックする問題が出ます。しっかり意味が取れていないと正解にたどり着けません。また、実際の会話では高校レベルの文法が必要です。塾では、文法問題はほとんどやりませんが、文法の仕組み、ニュアンスは詳しく教えています。

鹿田：入試問題も変化するなか、今後ますます重要になりそうなことは何でしょう？

鬼塚：難関大学の問題については、内容レベルは変わってないです。ただし、分量が増えています。だから、正確にかつ速く読まなければならないんです。

鹿田：学習の取り組み方にも工夫が必要ですね。

鬼塚：塾のHPに「伸びる子の特徴」を紹介しています。「過程を考えずに丸暗記するタイプ」、「点取り虫タイプ」よりも、相手の気持ちを考えたり、物事がどんな仕組み

で動くのか（理系でも文系でも）に興味を持つタイプの人は向いている、と。

鹿田：相手を思いやる気持ちがある子、人の話をきちんと聞ける子ですね。これは将来のコミュニケーション能力にもつながる大切なポイントです。では最後に、子どものうちに、親が子どもにやっておくとよいことを教えてください。

鬼塚：英語の音声を聴かせることです。そして英語を強制しないこと。また、英会話スクールはよく選んだ方がいいです。コミュニケーション重視で文法は軽視、という意識が沁みついてしまっていて、高校でつまずいてしまっている子がたくさんいます。

鹿田：やはり「リスニング」と「嫌いにさせないこと」が大切ですね。本日はありがとうございました。

鬼塚先生プロフィール

英語塾あずさ（長野県松本市）代表 / 講師。英語力そのものをつけて受験を突破する方針で実績を重ねる。元ハーバード大学ライシャワー研究所客員研究員。元ダートマス大学客員研究員。国際基督教大学卒。同大学院修了。博士（学術・国際基督教大学）
https://www.eigojuku-azusa.com

これまでの取材記事が下記のリンクから読めます。
よかったら参考にしてみてください。
https://lit.link/shikataeigo

参考文献

『いまの科学で「絶対にいい！」と断言できる　最高の子育てベスト55』トレーシー・カチロー著，ダイヤモンド社

『フランスの子どもは夜泣きをしない―パリ発「子育て」の秘密』パメラ・ドラッカーマン著，集英社

『デンマークの親は子どもを褒めない　世界一幸せな国が実践する「折れない」子どもの育て方』ジェシカ・ジョエル・アレキサンダー／イーベン・ディシング・サンダール著，集英社

『世界最高のスリープコーチが教える　究極の睡眠術』ニック・リトルヘイルズ著，ダイヤモンド社

『子育ての経済学　愛情・お金・育児スタイル』マティアス・ドゥプケ＋ファ

ブリッィオ・ジリボッティ著, 解説:大垣昌夫, 慶應義塾大学出版会

『世界を知る101の言葉 「単語ひとつ」で国際標準の教養がザックリと身につく』Dr. マンディープ・ライ著, 小社

『ふしぎな宇宙 AMAZING SPACE』ワールドライブラリー社

(※以上、鹿田昌美・訳)

『接遇英語のプロが教える「出だし」だけ＋ジェスチャーからはじめるおもてなし英語』中野美夏子著, アルク

『朝倉心理学講座5 言語心理学』針生悦子著, 朝倉書店

『小泉八雲の『怪談』で英語を学ぶ―完全新訳』小泉凡監修, 諸兄邦香訳, 国際語学社

『マインドセット「やればできる！」の研究』キャロル・S・ドゥエック著, 今西康子訳, 草思社

『のうだま やる気の秘密』上大岡トメ・池谷裕二著, 幻冬舎

『ハリウッドと日本をつなぐ』奈良橋陽子著, 文藝春秋

『マザー・グース（1～4）』平野敬一監修, 和田誠絵, 谷川俊太郎訳, 講談社

『マザー・グースの唄 イギリスの伝承童謡』平野敬一著, 中公新書

『翻訳夜話』村上春樹・柴田元幸著, 文春新書

『物語の役割』小川洋子著, 筑摩書房

『ことばと文化』鈴木孝夫著, 岩波新書

『翻訳はいかにすべきか』柳瀬尚紀著, 岩波新書

『たのしく読める英米の絵本―作品ガイド120（シリーズ・文学ガイド）』桂宥子編著, ミネルヴァ書房

『絵本翻訳教室へようこそ』灰島かり著, 研究社

『創造する翻訳 ことばの限界に挑む』中村保男著, 研究社

『翻訳家の書斎 〈想像力〉が働く仕事場』宮脇孝雄著, 研究社

『越前敏弥の日本人なら必ず誤訳する英文 決定版』越前敏弥著，ディスカヴァー・トゥエンティワン

『赤毛のアンの翻訳レッスン―再会のアン・シャーリー―』河野万里子著，バベル・プレス

『伝える極意』長井鞠子著，集英社新書

『カウンセラー良子さんの 幼い子のくらしとこころ Q&A』内田良子著，ジャパンマシニスト社

『7歳までのお守りBOOK―西野流「ゆる親」のすすめ〈上〉「正しい母さん・父さん」を頑張らない。』西野博之著，ジャパンマシニスト社

『あなたのままで輝いて マザー・テレサが教えてくれたこと』片柳弘史著，RIE 絵，PHP 研究所

『ほんとうに頭がよくなる 世界最高の子ども英語――わが子の語学力のために親ができること全て！』斉藤淳著，ダイヤモンド社

『「ハリー・ポッター」が英語で楽しく読める本』クリストファー・ベルトン著，渡辺順子訳，コスモピア

『AI vs. 教科書が読めない子どもたち』新井紀子著，東洋経済新報社

『あたりまえだけど、とても大切なこと―子どものためのルールブック』ロン・クラーク著，亀井よし子訳，草思社

『最新 育児の百科』松田道雄著，岩波書店

"The Whole-Brain Child: 12 Revolutionary Strategies to Nurture Your Child's Developing Mind" Daniel J. Siegel, Tina Payne Bryson 著，BANTAM BOOKS TRADE PAPERBACKS

"Zero to Five 70 Essential Parenting Tips Based on Science" Tracy Cutchlow 著，Pear Press

本書は2021年7月に小社より刊行された
『「自宅だけ」でここまでできる！「子ども英語」超自習法』を加筆修正のうえ、
文庫化したものです。

翻訳者が考えた「英語ができる子」に育つ本当に正しい方法

2025年 2月28日 第1刷発行

著 者	鹿田昌美
発行者	矢島和郎
発行所	株式会社飛鳥新社
	〒101-0003
	東京都千代田区一ツ橋2-4-3 光文恒産ビル
	電話 03-3263-7770（営業） 03-3263-7773（編集）
	https://www.asukashinsha.co.jp
カバーイラスト	金安亮
本文イラスト	伊藤カヅヒロ
装 丁	井上新八
印刷・製本	中央精版印刷株式会社

落丁・乱丁の場合は送料当方負担でお取替えいたします。
小社営業部宛にお送りください。
本書の無断複写、複製（コピー）は著作権法上での例外を除き禁じられています。

ISBN 978-4-86801-062-3
ⓒMasami Shikata 2025, Printed in Japan